HISTOIRE

DE LA

CONQUÊTE ET DES RÉVOLUTIONS

DU PÉROU.

Manco Inca, couronné par Pizarre en 1533; tué, en 1546, par un Espagnol qu'il avait sauvé.

HISTOIRE

DE LA

CONQUÊTE ET DES RÉVOLUTIONS

DU PÉROU,

PAR ALPHONSE DE BEAUCHAMP.

AVEC PORTRAITS.

TOME SECOND.

A PARIS,

Chez { LENORMANT, Imprimeur-Libraire, rue des Prêtres Saint-Germain l'Auxerrois ;
LEROUGE, Libraire, Cour du Commerce.

M. DCCC. VIII.

HISTOIRE DES RÉVOLUTIONS DU PÉROU.

LIVRE VII.

Ligue contre don Diego. — Mort de Juan d'Herrada. — Opérations du gouverneur Vaca de Castro. — Bataille de Chupas; défaite et mort du jeune Almagro. — Troubles occasionnés par les réformes de Charles-Quint. — Arrivée de Blasco Nuguez Vela, premier vice-roi du Pérou. — Assemblée de Cusco; et révolte de Gonzale Pizarre.

La vengeance de don Diego s'étendit jusques sur Picado, secrétaire du gouverneur, qui périt dans les tourmens pour n'avoir pu indiquer des trésors dont on soupçonnoit l'existence. On étrangla ensuite au gibet de Lima, le lieutenant-général Velasquez : mort ignominieuse, que

Velasquez auroit évitée, s'il avoit eu le courage de défendre Pizarre.

Au premier bruit de cette révolution, tous les aventuriers, tous les mécontens du Pérou accoururent à Lima, pour offrir leurs services au nouveau gouverneur. Il se vit bientôt à la tête de huit cents espagnols aguerris, qui s'enrichirent du produit des confiscations et des revenus de la couronne. Toutes les places passèrent aux amis de don Diego; mais Herrada qui, seul avait assuré le succès de la conspiration, tint les rênes du gouvernement, l'expérience du jeune Almagro ne lui permettant pas de se passer d'un tel guide.

Enorgueilli de son pouvoir, Herrada expédia des commissions au nom du gouverneur, sans consulter ses favoris. Des divisions éclatèrent. François de Chaves, parent de celui qui s'était sacrifié pour la défense de Pizarre, forma un complot contre la vie de l'impérieux Herrada, et périt sur la roue : début sinistre, qui fit haïr le nouveau gouvernement. Pizarre laissoit, d'ailleurs, des amis qui avoient eu horreur de sa mort. D'un autre côté, la naissance illégitime de don Diego, l'incertitude du titre sur lequel il fondoit ses prétentions, le faisoit regarder généralement comme un usurpateur. Les députés qu'il envoya pour se faire reconnaître, échouèrent dans plusieurs provinces. La plupart des commandans attendoient les ordres de la cour d'Espagne pour se décider; d'autres, tels qu'Alvarez Holguin et Alphonse d'Alvarado, ne gardèrent aucune mesure; et, après avoir fait pendre les députés de don Diego, ils se déclarèrent pour l'empereur. La ville de Cusco, où commandait Holguin, arbora aussitôt l'étendard royal, et nomma Holguin capitaine-général et premier officier du Pérou. N'ayant pas assez de troupes pour marcher droit à Lima, Holguin prit la route des montagues, espérant faire sa jonction avec Alvarado; mais don Diego avoit déjà pris la résolution de marcher au-devant d'Holguin. Les deux partis se rencontrèrent dans la vallée de Xauxa. Se voyant ainsi pressé, Holguin fit usage d'un stratagême connu, mais qui lui réussit. Un de ses espions vint avertir don Diego que son camp seroit attaqué dans la nuit. Aussitôt on range les troupes et on attend l'ennemi avec impatience, pour le faire repentir de sa témérité; mais Holguin, qui avait un dessein tout opposé, profite de l'attente de don Diego pour s'éloigner secrètement et opérer sa jonction avec Alvarado. Sur ces entrefaites, Juan d'Herrada, lieutenant et ministre de don Diego, mourut à Xauxa. C'était une perte irréparable; car Herrada joignoit à une rare prudence et à une fermeté inébranlable, tous les talens du général et de l'homme d'état. Jamais cependant le jeune Almagro n'avait plus senti le besoin des lumières d'un conseiller fidèle et prévoyant ; non seulement il alloit avoir à combattre Holguin et Alvarado, mais encore le juge-royal, Vaca de Castro, qui, après une longue et périlleuse navigation, venoit enfin d'aborder sur la côte et de pénétrer dans la province de Quito. Informé de la mort de Pizarre, de l'usurpation de don Diego et des efforts du parti royaliste, Castro déploya, quoique malade, toute l'activité qui pouvoit assurer le succès de sa mission. Il produisit, à son arrivée sur la frontière de Quito, le brevet qui l'établissoit gouverneur du Pérou, avec les mêmes priviléges et la même autorité qu'avoit eus François Pizarre. Reconnu aussitôt par les capitaines Pierre de Puelles et Sébastien Benalcazar, il rassembla quelques troupes, et fit son entrée à Quito avec toute la pompe due à son rang. On s'étonnoit qu'un homme habitué à la vie sédentaire et paisible du cabinet montrât tout-à-coup la vivacité et la résolution d'un officier qui auroit vieilli dans les camps. Castro expédia des émissaires dans différentes provinces, pour attirer au parti du roi les commandans, qui étoient encore indécis ; il se mit ensuite en marche avec les troupes qu'il avoit rassemblées à Quito. A son entrée dans le camp d'Holguin et d'Alvarado, il arbora l'étendard royal devant sa tente, se fit proclamer gouverneur général, et pourvut à tout avec autant d'intelligence que s'il eût toujours commandé en chef.

La nouvelle de son arrivée se répandit dans le camp de don Diego, qui fut aussitôt abandonné par tous ceux dont les intentions étoient douteuses ; il ne resta avec lui que des hommes éprouvés et irrévocablement attachés à leur chef. Depuis la mort d'Herrada, Garcias d'Alvarado et Christoval de Sotello, étoient les premiers conseillers de don Diego, et avoient, conjointement, le commandement des troupes ; mais chacun d'eux voulant commander seul, il s'établit une rivalité d'ambition qui amena des scènes sanglantes. Christoval, avec l'avant-garde, occupa Cusco, où don Diego fit son entrée publique. On y trouva de l'artillerie, des armes et des munitions; on y équipa deux cents arquebusiers et deux compagnies de gendarmes. Don Diego attira aussi dans son parti plusieurs Curacas et beaucoup d'Indiens, qui regardoient les Pizarre comme leurs oppresseurs; mais la discorde ne cessoit d'agiter des hommes qui ne s'étoient élevés que par la violence et le meurtre; les deux favoris de don Diego se disputant le pouvoir, firent éclater la plus vive animosité. Garcias tua Christoval en duel, en présence des soldats qui, divisés, à l'exemple de leurs chefs, furent sur le point de s'égorger entre eux. Don Diego joignant la prudence à la fermeté, les apaisa; mais il avait tendrement aimé Christoval, et il jura secrètement de venger sa mort. Garcias se méfia de son ressentiment, et résolut de le prévenir en l'assassinant dans un repas. Au moment de mettre son dessein à exécution, il fut lui-même poignardé sous les yeux et par ordre de don Diego. Ce meurtre étouffa les dissensions, et l'armée qu'il falloit distraire, sortit immédiatement de Cusco pour marcher contre Vaca de Castro.

Il venoit d'entrer à Lima, où les magistrats et plusieurs officiers s'étoient déclarés pour lui. Gonzale Pizarre lui écrivit pour lui offrir aussi ses services. Rempli d'indignation et de rage contre les meurtriers de son frère, il proposoit au nouveau gouverneur de se joindre à lui, pour aller combattre don Diego; mais Vaca de Castro connaissoit l'ambition de Gonzale; et, dans la crainte qu'il n'abusât de son ascendant sur l'armée il lui manda de rester à Quito, colorant son refus pour ne point aigrir un homme qu'on redoutoit d'avoir pour ennemi.

Cependant le gouverneur général rassembla sept cents soldats espagnols et deux mille Indiens, dont il donna le commandement en second à François de Carvajal, son général-major, si célèbre depuis au Pérou. Ce vétéran s'était signalé à Pavie et au sac de Rome; le desir d'amasser des richesses l'avoit conduit au Mexique, de là au Pérou. La guerre étoit sa passion dominante, et il devint l'ame des opérations de Vaca de Castro, par sa prodigieuse activité et sa grande expérience; il régla tous les mouvemens de l'armée, et conseilla au gouverneur général de terminer promptement la querelle par une bataille.

Animées d'un égal desir d'en venir à une action décisive, les deux armées se recherchèrent. Dès que les coureurs royalistes aperçurent l'ennemi, Vaca de Castro envoya à don Diego une sommation, au nom de l'empereur, pour qu'il eût à congédier ses troupes et à se ranger sous

l'étendard royal. A cette condition, il lui offroit une amnistie pour lui et ses soldats, le menaçant, dans le cas contraire, de le poursuivre comme rebelle et criminel de lèse-majesté. En même temps, un espion, travesti en Indien, passa dans le camp de don Diego, avec des lettres adressées à plusieurs gentilshommes castillans, que Vaca de Castro cherchoit à attirer dans son parti; mais, se trahissant lui-même, l'espion fut conduit devant don Diego, qui se saisit de ses papiers, et le fit étrangler aussitôt. Dans sa réponse à Vaca de Castro, le jeune Almagro se plaignit de ce que, tout en lui faisant des propositions de paix, il cherchoit à ébranler la fidélité de ses soldats. « N'espérez pas, ajoutoit don
» Diego, que je me soumette tant que je
» vous saurai au milieu de mes ennemis,
» et que vous ne me montrerez pas une
» amnistie en forme signée de l'empereur.
» Cessez aussi de croire que mes soldats

» m'abandonneront pour passer sous vos
» drapeaux : je ne doute pas plus de leur
» fidélité que de leur courage ; quant à
» moi, qui n'ai fait qu'exercer une juste
» vengeance, je me défendrai jusqu'au der-
» nier soupir. »

Persuadé qu'il ne restait plus que la voie des armes, Vaca de Castro rangea ses troupes en bataille dans la plaine de Chupas, à 200 milles de Cusco; et, ne voulant laisser aucun doute sur la légitimité de sa cause, il prononça, en présence de toute son armée, une sentence en forme contre don Diego, qu'il déclara traître et rebelle aux ordres de l'empereur.

L'ennemi, impatient d'attaquer, marchoit sur la gauche du camp royaliste, espérant que sa nombreuse artillerie lui assureroit la victoire. Le soleil étoit sur son déclin, et Vaca de Castro, pour ne point combattre de nuit, vouloit différer la bataille; mais cédant au sentiment contraire de Carvajal, il dit avec un air de confiance à son état-major, qu'il regrettoit seulement de ne point avoir la puissance de Josué pour arrêter le soleil. Se mettant ensuite en devoir de combattre à l'avant-garde, Carvajal et ses officiers le supplièrent de rester derrière le corps de bataille avec trente gendarmes à cheval, parce que de sa conservation dépendoit celle de l'armée. Les deux partis s'avancèrent ensuite l'un sur l'autre avec cette rage, cette soif de la vengeance qui caractérisent les guerres civiles. On voyait flotter l'étendard royal du côté de Vaca de Castro, et ses troupes se distinguaient par des écharpes rouges, des soldats de don Diego, dont les écharpes étoient blanches. Quand on fut à portée du canon, l'artillerie ennemie, commandée par Pierre de Candia, fit feu sur l'armée royale; mais les boulets, mal dirigés, passoient au-dessus des rangs. Don Diego, qui soupçonnoit la fidélité de Pierre de Candia, fondit sur lui, et le tua de sa main; puis il pointa luimême une pièce, et, y mettant le feu, il renversa plusieurs cavaliers qui commençoient une charge. Lui et ses principaux officiers s'imaginèrent ensuite qu'attendre l'ennemi, seroit un signe de faiblesse et de timidité, et, dédaignant l'avantage de leur nombreuse artillerie, tous s'avancèrent à la tête de l'armée pour franchir l'espace qui la séparoit des royalistes. Les Indiens attaquent aussitôt sur la gauche à coups de pierres et de flèches; mais, bientôt le feu des arquebusiers de Vaca de Castro leur fait prendre la fuite. Toute l'armée du gouverneur général marchait au petit pas, au son du tambour et des trompettes, s'arrêtant sur une hauteur opposée, pour charger à propos. L'artillerie et les arquebusiers de don Diego emportoient des files entières de royalistes. Holguin et Tordoya, deux de leurs capitaines, perdirent la vie dans ces premières attaques. Tout-à-coup la cavalerie des deux armées sonne la charge et fond l'une sur l'autre au galop. On en vient à un combat plus sanglant. Les lances, les massues, l'épée, succèdent aux armes à feu : des deux côtés on déploie tant de force et d'adresse, que ni le casque ni toute autre armure n'est capable de résister à tant de coups redoublés. On s'acharne à remporter une victoire dont le Pérou doit être le prix.

Tandis que la cavalerie déployoit toute sa valeur Carvajal, à la tête de l'infanterie royale, avançoit sur les troupes de don Diego. » Ne craignez point les balles, disoit-il à ses » soldats ; voyez combien il en passe au- » près de moi sans me toucher. » Et, ne voulant point qu'on s'imagine qu'il ne doit cette confiance qu'à son armure de fer, il jette à terre sa cuirasse, et son casque, puis marche droit aux canons, s'en empare et les tourne contre l'ennemi.

Cette action hardie fit pencher la victoire du côté de Vaca de Castro; il donna lui-même avec sa réserve de cavalerie et culbuta la gauche de don Diego, qui avait eu un premier succès. Alors, ni l'intrépidité ni le sang-froid du jeune Almagro, ni ses exhortations, ses prières et ses efforts, ne purent ramener ou retenir ses soldats; ils prirent la fuite en désordre, à l'exception de quelques officiers qui, pénétrés de douleur et de rage, frappoient de droite et de gauche, criant de toutes leurs forces : « C'est moi, Sosa, c'est moi, Bilbao, qui » ai tué Pizarre ! » continuant ainsi, jusqu'à ce qu'on les eût mis en pièces. Beaucoup de fuyards se dérobèrent pendant la nuit, mais le plus grand nombre fut ensuite massacré par les Indiens, qui n'épargnoient jamais les vaincus. En vain don Diego avoit cherché à mourir les armes à la main, et s'étoit jeté plusieurs fois dans la mêlée; entraîné par ses officiers, il crut trouver des amis à Cusco, et s'y réfugia; mais il était malheureux, et son lieutenant, Rodrigue de Salzar, le livra lâchement à Vaca de Castro.

Pendant la nuit, les royalistes pillèrent le camp des vaincus, et s'y gorgèrent d'or et de sang. Le lendemain, le gouverneur général prodigua les éloges et les récompenses à ses soldats, fit panser les blessés et enterrer les morts. Naturellement rigide, il ordonna des exemples sévères pour contenir l'esprit séditieux des conquérans du Pérou; et, procédant lui-même au jugement des prisonniers, il fit couper la tête, en présence de l'armée, à tous ceux qui avoient participé au meurtre de Pizarre. Vaca de Castro entra ensuite à Cusco, et ordonna l'exécution de la sentence de mort rendue contre don Diego avant la bataille. Sa tête fut tranchée comme celle de son père, sur la même place, et par le même bourreau; quarante de ses amis furent mis à mort, et une vingtaine bannis du Pérou. Ainsi finit l'autorité du jeune Almagro; à peine avoit-il vingt-deux ans; son courage et ses qualités brillantes l'auroient fait aimer, malgré sa fougue impétueuse; sa piété filiale, encore plus que son ambition, causa sa perte. Sa défaite et sa mort ayant rétabli le calme au Pérou, Vaca de Castro cessa de récompenser ses soldats; il n'avoit point assez de richesses à leur distribuer, et, n'osant pas licencier des troupes qui venoient de lui assurer la victoire, il les employa en partie à faire des découvertes et de nouvelles conquêtes, suivant, en cela, l'exemple et la politique des Pizarre.

L'administration intérieure du Pérou fixant ensuite son attention; il appela auprès de lui plusieurs *Curacas* et capitaines péruviens, pour s'instruire du gouvernement des Incas. Après avoir recueilli ce qui semblait devoir convenir davantage aux Espagnols et aux Indiens, il en composa plusieurs réglemens, dont les uns et les autres furent satisfaits. Vaca de Castro était véritablement animé de cet esprit d'ordre social, qui tend à confondre la nation conquérante avec la nation vaincue, en conciliant les intérêts réciproques : véritable inspiration du génie, dont une plus fréquente application épargneroit bien des larmes à l'humanité. Sous son administration, les Péruviens commençoient à respirer; ils s'adonnoient à la culture, aux travaux champêtres, et tout faisoit espérer un avenir plus heureux, quand des réformes impolitiques replongèrent ce malheureux pays dans le trouble et les révolutions.

Frappé des désordres de cet Empire, Charles-Quint imagina de le régir sur un nouveau plan, et de substituer un gouvernement régulier aux maximes incertaines que suivoient les conquérans espagnols. Ceux-ci étoient entraînés par les mêmes passions et les mêmes excès dont les dévastateurs de St.-Domingue et du Mexique leur avoient donné l'exemple; non seulement ils avoient pillé, subjugué le Pérou, mais ils s'en étoient partagé les terres et distribué les habitans, dont la plupart périssoient de fatigue et de misère. En vain l'empereur avoit publié de sages réglemens pour modérer la rigueur du droit de conquête et pour mettre enfin les Péruviens sous la protection des lois; l'éloignement, les troubles sans cesse renaissans, l'audace et l'avarice des dominateurs, les richesses exhorbitantes que plusieurs d'entre eux avoient acquises, tout sembloit s'opposer aux améliorations projetées par Charles-Quint. La colonie tendoit visiblement à un système d'indépendance; son territoire immense se dépeuploit chaque jour. Depuis neuf années, l'usurpation successive des Espagnols avoit coûté la vie à cent cinquante mille Péruviens, et il étoit à craindre que le Pérou ne devînt un vaste désert. Pressé de remédier à tant de maux, Charles fut entraîné au-delà des termes d'une prudente réforme ; il voulut faire au Pérou, comme dans ses autres possessions d'Amérique, une application générale des vues bienfaisantes du vertueux Las Casas. En conséquence, il ordonna, malgré ses ministres, que toutes les terres dont les conquérans du Pérou s'étoient rendus les maîtres, ne passeroient point à leurs descendans, et seroient réduites à une moindre étendue ; il ordonna, en outre, qu'on en dépouilleroit tous les fonctionnaires publics, comme les ayant acquises par des voies illégitimes, et qu'on les annexeroit à la couronne ; tout Espagnol qui avoit pris part à la contestation criminelle entre Almagro et Pizarre, devoit être également dépouillé des terres et des Indiens dont il étoit en possession. À l'égard des Péruviens, l'empereur déclaroit libres tous ceux qui avoient été réduits en servitude; nul ne pouvoit désormais les forcer de travailler aux mines, de porter des fardeaux ni des bagages, et il leur étoit alloué une rétribution pour chaque espèce de travail. Les Curacas et les Caciques étoient déchargés de l'obligation de fournir gratuitement la nourriture aux voyageurs espagnols et aux personnes de leur suite.

Ainsi, les Péruviens étoient à la veille d'être assimilés aux sujets de la monarchie espagnole, et du moins se trouvoient-ils placés sous la protection des lois et du gouvernement. Des réformes si importantes, si inattendues, et qui froissoient tous les intérêts des conquérans, devoient nécessairement éprouver une forte opposition; mais Charles-Quint tenoit à ses vues, et il crut vaincre tous les obstacles par la persévérance et le déploiement de toute son autorité. Il n'ignoroit pas que Vaca de Castro, usant d'une politique adroite, avoit, en quelque sorte, transigé avec les conquérans du Pérou; et, jugeant qu'il n'apporteroit ni assez de zèle, ni assez de sévérité dans l'exécution des lois réformatrices, il choisit, pour le remplacer, un homme d'une droiture et d'une fermeté inflexibles; c'étoit Blasco Nugnez Vela, inspecteur des ports de Castille. Charles lui conféra le titre de vice-roi du Pérou, établissant aussi une audience royale à Lima, tant pour mitiger le pouvoir de Nugnez, que pour faire exécuter concurremment les réglemens nouveaux. Mais Nugnez n'avoit ni le talent de la conciliation, ni cette prudence si nécessaire dans les commissions délicates. Il ne vouloit employer que la vigueur et l'autorité pour faire plier sous le joug du monarque des hommes d'une avidité insatiable, et qui avoient toujours vécus dans l'indépendance.

Il s'embarqua au mois de novembre 1543. A peine fut-il arrivé à Panama, qu'il rendit la liberté à un grand nombre d'Indiens qui gémissoient dans l'esclavage; et, donnant lui-même l'exemple de l'obéissance aux lois nouvelles, il fit porter ses équipages par des mules, et n'employa jamais aucun Indien sans le salarier. Sur toute la route, les Espagnols le reçurent avec une froideur mêlée de haine; mais rien ne pouvoit ébranler la fermeté de Nugnez; et, dès qu'il fut au Pérou, il proclama les ordonnances de l'empereur, et en prescrivit impérieusement l'exécution.

Le mécontentement fut général parmi les Espagnols; les uns se voyoient dépouiller de leur fortune; d'autres perdoient l'espoir de la transmettre à leur postérité. Tous ceux qui avoient spéculé sur le travail des Péruviens, représentèrent au vice-roi que les terres resteroient incultes, les mines sans être exploitées, et qu'une fois libres, les Indiens, qu'on avoit instruits dans la religion catholique, retomberoient dans l'idolâtrie. Nugnez répondoit que les Espagnols n'avoient aucun droit sur la liberté naturelle des Péruviens, et que la religion chrétienne ne devoit pas être propagée par la violence.

Accoutumés à l'anarchie, les conquérans du Pérou frémirent du joug que leur imposoit une autorité inflexible qui, tout-à-coup, les dépouilloit de ce qu'ils avoient acquis par tant d'années de travaux et de souffrances. Passant des murmures à l'indignation, ils s'attroupèrent et s'élevèrent avec audace contre ce qu'ils appeloient l'ingratitude et l'injustice de leur monarque. Cette fermentation dégénéra bientôt en esprit de révolte, et on proposa de s'opposer à l'entrée du vice-roi dans la capitale. Les mécontens en furent détournés par Vaca de Castro, qui, à l'approche du vice-roi, résigna sa charge de gouverneur. Quoique Nugnez lui eût notifié sa nomination et son arrivée d'une manière offensante, il calma lui-même les Espagnols, et leur promit de s'interposer pour faire mitiger les lois nouvelles. Mais Nugnez, sans égard aux personnes ni aux circonstances, déclara qu'il étoit chargé de veiller à l'exécution des lois et non de les modifier. A son entrée à Lima, il mit en liberté tous les Indiens, dépouilla de leurs terres et de leurs esclaves les Espagnols qui exerçoient des emplois publics, repoussant avec hauteur et dédain les réclamations dont il étoit accablé. Le mécontentement prit alors le caractère d'une rébellion ouverte, et Nugnez prenant aussitôt des mesures sévères, fit arrêter Vaca de Castro, qu'il soupçonnoit de fomenter la sédition. Les plus fougueux parmi les Espagnols, tinrent des conférences secrètes; mais, n'osant rien entreprendre à Lima, où l'autorité de Nugnez pesoit avec le plus de force, ils sortirent secrètement de la ville, et se dirigèrent sur Cusco, le vice-roi n'y ayant pas encore été reconnu. En route, ils s'emparèrent de l'artillerie qui avoit servi dans la dernière bataille, et la firent traîner par les Indiens.

Le Pérou touchoit à une nouvelle révolution; il ne manquoit qu'un chef aux mécontens. Tous avoient jeté les yeux sur Gonzale Pizarre, dont la réputation s'étoit accrue depuis qu'une expédition hardie l'avoit conduit jusqu'à la rivière des Amazones; il n'étoit point dans le caractère de Gonzale de laisser échapper l'occasion de saisir l'autorité. Aigri par plus d'un motif personnel de ressentiment, oublié au fond d'un empire, dont la cour de Madrid devoit la conquête à sa famille, il n'ignoroit pas, d'ailleurs, que son frère Fernand étoit prisonnier en Espagne, et que par une précaution offensante, le vice-roi faisoit garder à vue, sur sa flotte, les enfans de son frère le gouverneur, à la mémoire duquel on ne sembloit pas même accorder un regret.

Cependant, l'idée de prendre les armes contre son roi, fit d'abord frémir Gonzale; il hésita et ne fut entraîné que par l'indignation universelle qu'inspiroient les violences du vice-roi et par la crainte d'en être personnellement la victime. Gonzale traita en secret avec les mécontens, qui bientôt l'invitèrent ouvertement à venir protéger ses compatriotes contre la tyrannie de Nugnez. Il amasse des sommes considérables, quitte sa résidence de Chaquisaca, et se rend à Cusco, accompagné d'un grand nombre de ses amis. Les habitans sortent de la ville pour aller à sa rencontre, le reçoivent avec de grandes démonstrations de joie, le mènent en triomphe et s'assemblent avec tous les magistrats à l'hôtel-de-ville. On y parle avec véhémence; peu de personnes y font entendre le langage de la modération; tous veulent haranguer, nul ne peut se faire entendre; enfin, Alphonse de Toro obtient un moment

de silence, et prononce le discours suivant :
« Qui croiroit aujourd'hui que c'est par
» notre valeur et notre sagesse que nous
» avons soumis à la couronne de Castille
» l'empire du monde le plus vaste et le
» plus opulent ? Où sont les récompenses
» qu'on nous destine pour avoir versé notre
» sang au milieu de tant de fatigues et de
» dangers ? la plus noire ingratitude ! Non
» seulement des lois impolitiques, surprises
» à la religion de notre empereur, nous dé-
» pouillent en un moment des fruits de
» notre conquête, mais elles nous enve-
» loppent tous dans la même proscription,
» dans une ruine totale. Ces lois frappent
» indistinctement tous les Espagnols qui
» ont été forcés de prendre part aux san-
» glantes querelles d'Almagro et de Pi-
» zarre. Ainsi, les uns se voient privés de
» leurs biens pour avoir fait leur devoir,
» en défendant la bonne cause; d'autres,
» pour n'avoir pu empêcher des malheurs

» inévitables. En vain nous étions-nous
» flattés qu'au moins la cour de Madrid
» enverroit, pour adoucir la rigueur de
» ses édits, un mandataire d'un esprit
» conciliant ! Hélas ! qu'osions-nous espé-
» rer ? Un homme dur et hautain nous a été
» donné pour aggraver nos infortunes ; il
» nous accable de tout le poids d'un pou-
» voir inflexible ; il semble n'être investi
» momentanément de l'autorité impériale,
» que pour le malheur de ses compatriotes ;
» il ne protège que les Indiens, comme s'il
» vouloit nous punir de leur avoir arraché
» le Pérou pour le donner à l'Espagne !
» Vainement avons-nous sollicité la sus-
» pension de ces mesures désastreuses !
» Nugnez, cet ennemi du nom espagnol,
» n'admet ni représentations ni appel, il
» ne nous laisse pas même le droit d'im-
» plorer les lumières et l'équité de l'au-
» dience royale, quoique les officiers qui
» la composent soient chargés d'adminis-

» trer concurremment avec lui ; quoiqu'il
» leur appartienne aussi bien qu'à lui, de
» délibérer sur la suspension ou l'exécution
» des ordonnances. Souffrirons-nous qu'on
» nous dépouille, ou bien défendrons-nous
» nos droits usurpés ? Et, puisque l'im-
» mensité des mers nous sépare de notre
» empereur, et qu'il ne peut remédier à
» nos maux, ne saurons-nous choisir
» parmi nous un défenseur capable de
» garantir nos intérêts ? Ce chef tutélaire,
» que l'opinion désigne, est ici ; le voilà
» parmi nous ; son nom illustre vous est
» cher, et, si vous lui donnez votre suf-
» frage, il saura faire triompher la cause
» du courage et de la justice. »

Avant même qu'Alphonse de Toro eût cessé de parler, tous les regards, tous les vœux étoient tournés sur Gonzale. Dans le premier élan de leur enthousiasme, les habitans de Cusco lui conférèrent le titre de procureur-général de la nation espa-

gnole dans le Pérou ; ils l'invitèrent à solliciter en cette qualité, auprès de l'audience royale de Lima, la révocation ou la suspension des réglemens attentatoires aux droits et à la fortune des conquérans espagnols. Gonzale se leva aussitôt, et, après avoir salué l'assemblée, il dit : « Mes
» amis ! mes concitoyens ! je ne vous ferai
» point d'inutiles protestations d'attache-
» ment et de zèle, car je ne suis qu'un sol-
» dat et ne me pique point d'éloquence ;
» je dois me borner à vous dire que ma vie
» entière vous appartient, et que mon épée
» saura défendre ce que nous avons con-
» quis avec tant de gloire. » Les applaudissemens de toute l'assemblée couvrirent aussitôt sa voix. On sanctionna la délibération par un acte public, et on agita ensuite si Gonzale marcheroit à Lima avec des troupes, ou s'il n'iroit qu'avec ses amis. Il fut d'abord impossible de s'accorder sur ce point; les uns étoient d'avis de

lever une armée ; d'autres rejetoient ce moyen, comme étant une preuve manifeste de rébellion. Alors, Fernand Bachicao, l'un des plus bas flatteurs de Gonzale, prit la parole, et s'exprima à-peu-près en ces termes ? « Quoi ! mes amis, nous hésite-
» rions de prendre les armes ? Ignorez-vous
» que les Indiens sont encore en état de
» guerre, et qu'ils occupent les gorges et
» les défilés qui séparent Cusco de Lima ?
» Ignorez-vous que Manco, leur chef, pro-
» jette de fondre sur nous, tandis que
» nous sommes divisés ? Et nous délibérons
» encore, tandis que deux ennemis nous
» menacent ! Armons-nous en ce jour, soit
» pour repousser les Indiens, soit pour
» nous mettre en garde contre les com-
» plots du vice-roi. Je sais positivement
» qu'il rassemble des troupes, qu'il dit
» hautement que c'est pour châtier des re-
» belles. C'est nous qu'il désigne ainsi,
» quoique toutes nos démarches ne tendent

» qu'à obtenir le juste redressement de nos
» griefs. Pourquoi, d'ailleurs, ne résiste-
» rions-nous pas à un tyran qui ne rêve que
» supplices, qui a juré d'exterminer tous
» ceux qui ont innocemment participé aux
» troubles du Pérou ? Serait-ce là blesser
» le respect dû à l'autorité souveraine? La
» justice permet de repousser la force par
» la force. Nugnez ne s'est-il pas déjà
» vanté qu'il feroit couper la tête à Gon-
» zale? Sans doute, vous ne venez point de
» l'élever pour l'abandonner lâchement !
» Armez-vous donc pour défendre vos ri-
» chesses, vos vassaux, vos priviléges,
» votre chef ! Après avoir aidé ses rois à
» recouvrer leur couronne usurpée par les
» Maures, la noblesse castillane ne s'est-
» elle pas armée ensuite pour la conserva-
» tion de sa liberté ? Certes, en arrachant
» le Pérou des mains des Idolâtres pour en
» assurer la possession à la couronne de
» Castille, nous n'avons pas moins mérité

» que nos ancêtres ! Tout nous fait donc
» un devoir de prendre les armes; après
» ce que je viens de dire, il n'y auroit que
» des lâches ou des traîtres qui pourroient
» encore balancer. »

Ce discours véhément ne laissa plus aucune liberté dans les délibérations; et, sous prétexte de s'armer contre les Indiens, l'assemblée décida qu'on lèveroit des troupes. Dès-lors, Gonzale fut le maître ; il s'empara du trésor royal, de l'artillerie, nomma des officiers, expédia des couriers dans les villes, dans les provinces, et vit, en peu de jours, cinq à six cents Espagnols d'élite se ranger sous ses drapeaux. La place de mestre de camp général de l'armée fut donnée au fameux Carvajal; venoient après lui les capitaines Porto Carrero, Alphonse de Toro, et ce Fernand Bachicao, si décrié pour ses emportemens et sa bassesse; il eut le commandement de l'artillerie, qui consistoit en vingt pièces de campagne. Le conseil de Gonzale arrêta aussi qu'il falloit prévenir le vice-roi Nugnez par des opérations et une marche également rapides.

LIVRE VIII.

Marche de Gonzale Pizarre vers la capitale du Pérou. — Arrestation et expulsion du vice-roi Nugnez. — Entrée de Gonzale à Lima. — Délivrance du vice-roi : il est poursuivi par Gonzale au-delà de Quito. — Soulèvement de Diego Centeno en faveur du vice-roi. — Bataille de Quito ; mort du vice-roi. — Défaite de Centeno par Carvajal. — Triomphe de Gonzale.

Gonzale mit ses troupes en bataille sur la place de Cusco, et leur adressant une espèce de harangue ; il allégua la justice de sa cause et la droiture de ses intentions. Tous ses soldats s'offrirent de le suivre et de le défendre jusqu'à la mort. Ne voulant point laisser refroidir leur zèle, Gonzale se mit aussitôt en marche sur Lima. Dans la nuit, plusieurs riches habitans de Cusco, qui avoient feint de se déclarer en sa faveur, prirent une route détournée pour aller se jeter dans le parti du vice-roi, qui leur sembloit le seul légitime. Leur défection ébranla les troupes, et découragea même Gonzale, qui fut sur le point d'abandonner son entreprise; mais, jugeant qu'il y auroit encore moins de danger à suivre son premier dessein, il excita ses soldats et continua de se porter en avant : l'armée étoit suivie d'un grand nombre d'Indiens qui portoient les bagages et traînoient même l'artillerie.

La fuite des principaux habitans de Cusco, et la répugnance qu'inspiroit une guerre entreprise contre l'empereur, commencèrent la désertion, qui se manifesta ensuite d'une manière alarmante. L'armée entière étoit sur le point de se désorganiser, quand les capitaines Pierre de Puelles et Gonzale Diaz, déserteurs du parti du vice-roi, arrivèrent avec des renforts. A la vue de ces transfuges, qui annoncent hautement que Nugnez, abhorré, va être chassé du Pérou, les soldats de Gonzale passent du découragement à l'audace. Ils s'animent mutuellement, et chacun prend la ferme résolution de poursuivre une entreprise qui n'a plus rien de téméraire. Dans la vue d'étouffer tout esprit de défection, Gonzale fit trancher la tête, au milieu du camp, à des officiers qui penchoient pour le vice-roi, et il distribua leurs biens à ses amis. Ces exécutions répandirent la terreur, et ce fut à qui se déchaîneroit le plus contre Nugnez.

La fortune se déclaroit pour Gonzale, non seulement dans son camp, mais encore à Lima, où se fit, en sa faveur, une révolution dont voici l'origine.

Quand Nugnez sut que les partisans de Gonzale avoient excité un soulèvement à Cusco, il publia une proclamation qui ordonnoit à tous les Espagnols du Pérou de le reconnoître et de se ranger sous ses drapeaux.

Cette mesure produisit peu d'effet, les ordres de Nugnez ayant été presque partout interceptés par les troupes de Gonzale, qui gardoient les passages et les routes. Cependant, comme les nouvelles de Cusco devenoient toujours plus alarmantes, Nugnez rassembla des troupes, nomma des officiers, et relégua son prédécesseur, Vaca de Castro, sur la flotte, ainsi que tous ceux dont il soupçonnoit la fidélité. L'administration violente et la hauteur dédaigneuse de Nugnez, animèrent contre lui les juges ou auditeurs de l'audience royale. L'occasion suivante fit éclater leur animosité.

Le vice-roi lut un jour ces mots écrits sur les murailles de son palais : « Je jure d'ôter » la vie à celui qui me dépouillera de mes » biens. » Ses soupçons se portent sur Antoine de Solar, et il ordonne aussitôt qu'on le pende aux galeries du gouvernement. Le malheureux Solar eût été exécuté, sans la vive intercession de l'archevêque et des principaux habitans de Lima, qui obtinrent enfin sa grace. Les auditeurs étoient également intervenus, et soutenoient que le vice-roi n'étoit point autorisé à faire exécuter un prisonnier sans jugement, lui-même n'étant point au-dessus des lois; mais Nugnez prétendoit, au contraire, que son pouvoir n'avoit point de bornes. Soutenus par les habitans de Lima, les auditeurs mirent en liberté tous les prisonniers et se déclarèrent en faveur des mécontens. Le vice-roi voulant les intimider, fit mettre à mort, dans l'intérieur de son palais, le commissaire Yllan Suarez, accusé d'intelligence avec Gonzale. A cette nouvelle, l'irritation des esprits fut à son comble; elle éclata bien plus violemment encore, quand on sut que le vice-roi se disposoit à abandonner la capitale, après en avoir tout enlevé et pris les principaux habitans pour ôtages. Nugnez projetoit, en effet, de se retirer à Truxillo avec ses troupes, espérant prévenir leur défection en s'éloignant de Lima, qu'il vouloit sacrifier à sa vengeance. Mais, excités par les auditeurs, et surtout par le rusé Cepeda, qui les présidoit, les habitans se déclarèrent contre Nugnez, et prirent les armes. La guerre civile auroit éclaté, si le vice-roi n'eût été abandonné par ses propres gardes, qui le livrèrent aux auditeurs. On le relégua dans une île déserte de la côte, jusqu'à ce qu'on pût le renvoyer en Espagne; la flotte hésita, et finit cependant par se rendre aux auditeurs.

Maîtres du gouvernement, ils proclamèrent d'abord la suspension des réformes ordonnées par Charles-Quint, et expédièrent à Gonzale des couriers, pour lui annoncer la révolution et l'expulsion du vice-roi. Ils l'engageoient, par pure formalité, à congédier ses troupes et à se rendre dans la capitale avec une simple escorte. Etoit-il probable qu'un homme aussi entreprenant que Gonzale voulût rentrer dans l'obscurité? Maître du pouvoir, l'ambitieux le conserve et l'étend; d'ailleurs, l'avidité des compagnons de Gonzale auroit suffi seule pour l'entraîner au-delà des bornes de la modération et de la justice. Ceux mêmes qui venoient de chasser le vice-roi, ne cherchoient qu'à colorer leur conduite; et le président Cepeda, qui correspondoit secrètement avec Gonzale, lui traçoit un plan d'usurpation que favorisoient la confusion et l'anarchie. Carvajal, mestre de camp de Gonzale, et l'ame de ses résolutions, le pressoit de demander ouvertement aux auditeurs le titre de gouverneur-général du Pérou. Protégé par une armée qui se renforçoit tous les jours, Gonzale n'étoit déjà plus qu'à un mille de Lima, et nul ne pouvoit plus s'opposer à sa volonté.

Cependant, les auditeurs hésitèrent de sanctionner l'usurpation de Gonzale, soit qu'ils craignissent de voir s'échapper la portion d'autorité dont ils étoient revêtus, soit qu'ils tinssent encore aux formes de leur institution. Fatigué de ces délais, Gonzale déclara qu'il ne répondoit point de sauver Lima du pillage, si l'on ne satisfaisoit au vœu de ses soldats; et le fougueux Carvajal, pénétrant de nuit dans la ville avec un détachement, se saisit de Pedro de Barco, de Jean Sayavedra, qui étoient opposés à Gonzale, et les fit pendre à un arbre, avec menace de mettre la ville à feu et à sang, si tout n'étoit accordé aussitôt. Les auditeurs, intimidés, expédièrent à Gonzale la commission de gouverneur-général du Pérou, avec des pouvoirs illimités.

Son entrée publique eut lieu le même jour, avec une pompe extraordinaire. Gonzale, à la tête de 1200 hommes, prit possession de Lima et de sa nouvelle dignité, exerçant le pouvoir militaire dans toute son étendue. L'administration de la justice resta aux auditeurs, à qui Gonzale permit de s'assembler pour tenir leurs séances. Cepeda reçut des terres considérables, dont les revenus s'élevoient à 150 mille piastres; c'étoit l'énorme prix de sa perfidie et de l'adresse avec laquelle il avoit persuadé à ses collègues de reconnoître l'autorité de l'usurpateur. Se voyant les maîtres absolus du Pérou, Gonzale et ses capitaines signalèrent leur joie par des fêtes, des tournois, des courses et des combats de taureaux. On mit en liberté les prisonniers, et Gonzale accorda une amnistie à tous ceux qui ne s'étoient point encore rangés sous ses drapeaux, comme s'il eût fallu se laver d'être resté fidèle à l'autorité légitime. Pendant qu'on se réjouissoit à Lima, il y eut quelques exécutions ordonnées par Carvajal, qui, toujours altéré de sang, ne cessoit d'outre-passer les intentions de Gonzale. Plusieurs officiers furent envoyés dans différentes villes du Pérou, afin d'y commander en son nom, de sorte que son autorité sembloit à jamais affermie; mais, en révolution, aucun pouvoir n'est durable; les hommes, délivrés de la contrainte des lois, n'agissent plus que d'après leurs intérêts et le caprice de leurs passions. De là, tant d'événemens aussi extraordinaires qu'imprévus. En effet, à peine Gonzale exerçoit-il un pouvoir illimité, qu'il se vit menacé par des ennemis redoutables, qu'il fallut combattre, comme si le despotisme militaire ne pouvoit se cimenter que par le sang.

Chargé de conduire le vice-roi en Espagne, l'auditeur Alvarez, en voulant le sauver, causa sa perte. Le vaisseau qui portoit Nugnez, venoit de mettre à la voile, quand Alvarez se jeta aux pieds de son prisonnier, brisa ses fers, et lui jura obéissance comme au représentant légitime de l'empereur : tout l'équipage en fit autant, et Nugnez, qui, dans son infortune, avoit conservé toute sa fierté, prit le commandement du vaisseau, débarqua à Tumbez, et, arborant l'étendard royal, exerça de nouveau les fonctions de vice-roi. Il tint audience, et dépêcha des couriers avec des proclamations, qui ordonnoient à tout royaliste fidèle de prendre les armes. Ses amis, ses frères, un grand nombre d'Espagnols, qu'indignoit le gouvernement violent et ombrageux de Gonzale, joignirent le vice-roi, qui se vit bientôt à la tête d'un corps d'armée.

Au premier avis de cet événement, Gonzale expédia deux de ses officiers à Truxillo, pour s'opposer aux progrès du vice-roi, vers cette partie reculée de l'Empire. Il envoya ensuite le capitaine Bachicao avec des brigantins, pour croiser sur les côtes du Pérou. Bachicao fit voile vers Tumbez, et s'y présenta tout-à-coup avec des troupes de débarquement. Le vice-roi, croyant voir arriver Gonzale en personne, se retira précipitamment avec cent cinquante Espagnols, et marcha sans s'arrêter jusqu'à Quito, laissant dans le port de Tumbez quelques bâtimens armés, qui tombèrent au pouvoir de l'ennemi. Bachicao remit aussitôt à la voile, surprit Panama, s'empara de la ville, de la flotte et de l'isthme. Aussi sanguinaire que Carvajal, n'ayant que des vices, et pas une vertu, il se servit du nom de Gonzale pour faire peser sur Panama la plus dure des tyrannies; mais il donnoit des vaisseaux à Gonzale, et toujours les chefs ferment les yeux sur les excès dont ils profitent.

Cependant le vice-roi, qui venoit d'être reconnu à Quito, résolut d'attendre au fond de cette province, les ordres de Charles-Quint, auquel il avoit expédié un officier pour réclamer des secours. Instruit par ses espions que Gonzale étoit resté à Lima, il change d'avis, sort de Quito, se porte sur Saint-Michel de Piura, s'en empare, défait les troupes que Gonzale envoie au secours de cette ville, et s'y établit. Saint-Michel étoit favorablement placé pour recevoir les renforts qui pouvoient arriver d'Espagne et des Indes. L'armée de Nugnez se grossit, et il se vit bientôt en état de soutenir sa qualité de vice-roi du Pérou ; mais, avec un ennemi tel que Gonzale, on ne pouvoit espérer ni délai ni repos. A peine apprend-il les progrès du vice-roi, qu'il marche contre lui, en personne, pour en venir à une bataille décisive. Il laisse une garnison suffisante à Lima, dissout l'audience, emporte le sceau royal, et se dirige vers Saint-Michel. Le vice-roi y avoit rassemblé six cents hommes. Les troupes de Gonzale, sans être plus nombreuses, l'emportoient par leur bravoure et leur discipline. En trompant le vice-roi par une marche savante et rapide, Gonzale se trouva sur lui quand on le croyoit encore éloigné. Nugnez rétrograda précipitamment vers Quito, n'osant se mesurer avec un ennemi dont il reconnoissoit la supériorité. Gonzale le poursuivit avec autant d'ardeur que de célérité, à travers un pays désert, montagneux, dépourvu de vivres, s'emparant de ses bagages et de ses chevaux, faisant sur lui des prisonniers, qu'on mettoit à mort, s'ils étoient inutiles. Les coureurs des deux partis ne desselloient jamais leurs chevaux, et la cavalerie du vice-roi, qui étoit continuellement sur le *qui vive*, ne se reposoit que la nuit, et toujours toute équipée, les cavaliers tenant les chevaux par la bride. Des deux côtés, on souffroit également de la disette, mais particulièrement les soldats de Gonzale, car le vice-roi amenoit avec lui tous les Indiens et les Caciques, de sorte que sur toute la route, le pays se trouvoit dépourvu de vivres. Malgré la pénurie, malgré des obstacles qui se reproduisoient sans cesse, Carvajal se mit à la tête de l'avant-garde de Gonzale, poursuivit le vice-roi avec une nouvelle ardeur, le harcelant nuit et jour, et montrant, quoiqu'octogénaire, plus de vigueur et d'activité qu'un jeune soldat. Il recevoit continuellement des renforts que lui expédioit Gonzale, et ne désespéroit pas d'atteindre enfin Nugnez, même de saisir sa personne, au moyen de quelques intelligences pratiquées autour de lui. Aigri, réduit au désespoir, redoutant les embûches de Carvajal, le vice-roi faisoit mettre à mort ceux de ses officiers sur qui tomboit le soupçon. Toujours aussi vivement harcelé, ayant perdu tous ses bagages, presque tous ses chevaux, accablé par la fatigue et par le défaut de vivres, il ne restoit plus à Nugnez que quatre-vingts soldats, quand il entra à Quito. A peine y étoit-il, que parut l'avant-garde de Gonzale. Nugnez abandonne à l'instant une ville sans défense, et se dirige à la hâte vers la province du Popayan, où commandoit Benalcazar; sa retraite étoit une fuite. Etonné lui-même de l'ardeur de ses ennemis, il lève les mains au ciel, et s'écrie, en versant des larmes : « Grand dieu ! la postérité pourra-t-elle » croire que des Espagnols ont poursuivi » avec tant d'acharnement, pendant plus de » huit cents lieues, l'étendard de leur roi » et ses fidèles serviteurs? » Et, précipitant sa fuite, il parvint, quoique toujours suivi de près, à mettre entre lui et ses ennemis, un pays sauvage et désert.

Après une poursuite si longue, si opiniâtre, telle enfin qu'on n'en trouve pas de semblable dans l'histoire, Gonzale entra triomphant dans Quito, où il trouva l'abondance. Comme si la fortune eût voulu le combler, il y fut joint par des renforts considérables venus de Panama. L'arrivée de ces bataillons, la fuite du vice-roi, la possession de la mer Pacifique, rangeoient sous l'obéissance de Gonzale, non seulement le Pérou, mais encore l'isthme de Panama, et tout le royaume de Quito.

Tant de bonheur sembloit difficile à troubler : il le fut par la révolte de Diego Centeno.

Ce gentilhomme de Castille, l'un des premiers conquérans du Pérou, étoit jeune, bel homme, actif, intelligent et possesseur d'une immense fortune dans la province de Charcas. S'étant d'abord déclaré pour Gonzale, il avoit suivi dans sa province François d'Almendras, son ami, que Gonzale y envoyoit pour commander. Almendras s'étant fait détester à cause de sa tyrannie, Centeno, soit par ambition, soit pour venger ses concitoyens, le poignarda luimême, s'empara de l'autorité, et embrassa aussitôt le parti du roi. Dès qu'il fut le maître, il eut bientôt une armée, avec laquelle il menaça Cusco. Gonzale, inquiet de ce soulèvement, consulta ses officiers, qui tous désignèrent Carvajal comme seul capable de battre Centeno. Les uns espéroient avoir plus de part au gouvernement pendant l'absence de Carvajal, d'autres n'avoient en vue que de l'éloigner, pour se mettre à l'abri de sa férocité. Carvajal jugeant que cette expédition pouvoit non seulement l'enrichir, mais rendre son nom illustre, partit de Quito avec une suite de vingt personnes. Il lève, sur son passage, des contributions et des soldats; il pille les caisses, les dépôts publics, et même les tombeaux; il commet des exactions et sème partout l'épouvante; il entre enfin dans Cusco, où il se voit bientôt à la tête d'un corps nombreux, dont il fait bénir les drapeaux et qu'il nomme : *l'heureuse arméé de la liberté, contre le tyran Diego Centeno.*

Mais, la mort du vice-roi ayant précédé la défaite de ce capitaine royaliste, je vais revenir sur ce qui se passoit à Quito, pendant que Carvajal achevoit ses dispositions pour attaquer.

Maître de Quito, Gonzale avoit saisi les revenus de la couronne, et s'étoit approprié les terres, les Indiens des partisans du vice-roi, pour les distribuer à ses amis. Enorgueilli de ses succès, s'imaginant, d'ailleurs, que Charles-Quint seroit forcé de lui abandonner le gouvernement du Pérou, il répétoit insolemment, que de gré ou de force, il sauroit l'amener à être juste à son égard. Ses officiers, qu'il s'attachoit par des largesses, l'entretenoient dans toutes les illusions de l'ambition et de l'orgueil. Pendant son séjour à Quito, qui fut de plusieurs mois, Gonzale, toujours dans les festins et les réjouissances, sembloit se livrer exclusivement aux plaisirs et à sa passion immodérée pour les femmes. Plein de confiance dans Carvajal, il croyoit qu'après la défaite inévitable de Centeno, nul n'oseroit plus s'opposer à ses desseins, ni le troubler dans l'exercice de sa puissance.

Le vice-roi ne lui inspiroit plus aucune inquiétude, car on ne savoit s'il retournoit en Espagne, ou s'il attendoit dans le Popayan les ordres de l'empereur ; mais personne ne s'imaginoit qu'il pût jamais recommencer la guerre.

Cependant Nugnez, incapable de fléchir, avoit conservé dans ses malheurs la même idée de son autorité, la même élévation d'ame. On le vit d'abord amasser tout le fer de la province du Popayan, pour faire forger des mousquets, des lances et toutes sortes d'armes ; s'occupant aussi de lever des soldats, il voulut attirer dans son parti le commandant Sébastien Benalcazar, et son lieutenant Cabrera. Il leur représente l'importance des services qu'ils peuvent rendre à leur empereur, et les récompenses qui les attendent, indépendamment des

terres de Gonzale et de ses partisans, dont il leur assure le partage en cas de succès, il leur montre l'ennemi, ne pouvant résister à une double attaque faite aux deux extrémités de l'Empire, l'une par les forces royalistes, qu'il commande en personne, l'autre, par Diego Centeno, qui vient de s'insurger dans la province de Charcas; il leur montre également la plupart des habitans du Pérou, las des exactions et des violences de Gonzale, et n'attendant, pour se déclarer contre lui, qu'une heureuse diversion; puis il ajoute : « Ne pensez pas
» que je suive jamais des conseils timides,
» et que j'accepte jamais un lâche accom-
» modement. Ces traités honteux, ces tran-
» sactions infâmes, si indignement répétés
» de nos jours, et que l'histoire saura flé-
» trir, retombent toujours sur leurs vils
» auteurs. Quant à moi, ce n'est qu'avec
» l'épée que je veux décider ma querelle
» avec des rebelles, et je préfère une mort

» glorieuse, à tout ce qui pourroit avilir
» ma dignité. »

Benalcazar et Cabrera embrassèrent avec empressement la cause du roi, que défendoit un homme dont l'infortune sembloit rehausser le courage, et ils rassemblèrent des troupes, dans l'espoir de se mesurer bientôt avec l'ennemi.

Tous ces préparatifs ne pouvoient échapper à la vigilance de Gonzale, et il étoit à craindre, pour son parti, qu'indépendamment de la diversion de Centeno, l'éloignement du vice-roi, qui le mettoit à l'abri, ne donnât le temps aux royalistes de concerter leurs mesures et de se rallier. Il falloit donc les attaquer séparément et sans retard. Mais comment aller chercher Nugnez à travers un pays désert et stérile? S'éloigner de Quito, n'étoit-ce pas exposer non seulement cette riche province, mais encore le Pérou tout entier? Gonzale évita ce double danger, en employant la ruse pour attirer le vice-roi et lui livrer bataille. Il fit d'abord répandre le bruit qu'il alloit marcher en personne contre Centeno, et qu'il ne laisseroit à Quito qu'un détachement, pour le garantir de toute insulte ; et, forçant un espion royaliste qu'il avoit démasqué, d'écrire au vice-roi pour lui annoncer son prétendu départ de Quito, il partage sa troupe, et sort de la ville en se dirigeant vers le Pérou. Nugnez, qui reçoit le même avis de différens côtés, n'hésite point de se mettre en marche pour reprendre Quito, se croyant, cette fois, assuré de la victoire. Sous prétexte de maladie, Gonzale s'étoit arrêté à trois journées de la ville; et, quand il sut positivement que le vice-roi n'en étoit plus qu'à vingt lieues, il revint sur ses pas à marches forcées. Nugnez touchoit au village de Toza, quand il apprit que Gonzale, en personne, marchoit à lui avec huit cents Espagnols d'élite, et un grand nombre d'Indiens.

Trompé, mais trop engagé pour éviter l'ennemi par une retraite déshonorante, il cacha soigneusement la présence de Gonzale à ses soldats, et n'en confia la nouvelle qu'à ses plus intimes capitaines. Il leur ordonne de se tenir prêts à donner bataille, et vient camper à deux lieues de Quito, sur les bords d'une petite rivière, au pied d'une colline. L'armée de Gonzale étant venue occuper la colline opposée, les deux partis furent si près l'un de l'autre, que les gardes avancées se parloient, s'appeloient mutuellement traîtres et rebelles, chacun s'imaginant défendre la meilleure cause. Gonzale fit la revue de ses troupes, et les harangua de la sorte : « Soldats ! c'est de-
» main qu'il faudra combattre. Accoutumés
» au péril, vous avez été plus d'une fois
» encouragés par la victoire; ainsi, votre
» valeur et votre expérience me rassurent
» doublement. Qu'ai-je besoin de vous par-
» ler de la justice de notre cause ! Ignorez-

» vous que c'est à ma famille qu'est due la
» conquête de cet Empire ? Mettez notre
» administration en parallèle avec la dureté
» et le despotisme du vice-roi, et jugez si
» nous avons dû rendre graces aux audi-
» teurs, quand ils l'ont chassé du Pérou ?
» A la vérité, la foiblesse et la trahison lui
» ont facilité un imprudent retour; mais
» nous saurons bien empêcher qu'il ne
» vienne troubler notre repos, en introdui-
» sant au Pérou des troupes étrangères, au
» préjudice des premiers conquérans. Non!
» le vice-roi ne l'emportera point sur nous;
» il ne nous proscrira pas; il ne fera pas
» dresser, dans toutes les villes, des écha-
» fauds pour faire tomber nos têtes; il ne
» mettra point en vigueur ces ordonnances
» iniques, que les auditeurs ont si sage-
» ment annullées, pour préserver la colonie
» d'une ruine totale; enfin, votre courage
» m'est un sûr garant que tant de mal-
» heurs seront à jamais écartés. Des sou-

» venirs honorables nous présagent aujour-
» d'hui des succès encore plus décisifs.
» Honneurs et richesses, telles sont les ré-
» compenses qui vous attendent ! » Les soldats répondirent en demandant à combattre.

Tandis que Gonzale réchauffoit le zèle de ses troupes, le vice-roi rassembloit ses principaux capitaines et leur communiquoit son plan d'attaque. Il consistoit à tourner le camp de Gonzale, dans la nuit, pour le surprendre et le forcer. Les arquebusiers et les meilleures troupes de Gonzale étant postées en avant sur la colline, en face du camp royaliste, il devenoit avantageux de les éviter et de n'attaquer que l'arrière-garde, dont la sécurité devoit faciliter la défaite. Aussi prompt à agir qu'à se décider, le vice-roi sort à minuit de son camp; et, laissant les feux allumés, les tentes dressées et quelques Indiens, il prend un chemin détourné, et marche en silence à la tête de ses troupes. L'espace qu'il avoit à parcourir pour surprendre l'ennemi, n'étoit que de quatre lieues; mais la route offrit tant d'obstacles imprévus aux chevaux et à l'artillerie, que, malgré les efforts de Nugnez, que l'impatience dévoroit, il étoit encore à une lieue du camp de Gonzale quand le jour parut. N'ayant plus aucun espoir de le surprendre, il prit incontinent la résolution de marcher droit à Quito, qui se trouvoit sans défense derrière l'armée de Gonzale. Cette manœuvre hardie pouvoit déconcerter tous ses projets, et il étoit possible, d'ailleurs, que les royalistes trouvassent dans la ville des armes, dont ils manquoient, et quelques partisans de leur cause. Nugnez pénètre en effet à Quito, sans éprouver de résistance; mais ses soldats y apprennent que Gonzale est en personne à la tête de ses troupes, ce qu'on leur avoit soigneusement caché jusqu'alors. Leur confiance disparoît aussitôt; car tel est l'ascendant qu'exerce sur la multitude le nom d'un seul homme. Gonzale apprenoit en même temps que le vice-roi venoit d'abandonner son camp et de se rendre maître de Quito par une marche nocturne et rapide. Il ordonne aussitôt à son armée de revenir sur Quito, et se porte à l'instant même du côté de l'ennemi. En voyant avancer Gonzale, le vice-roi prit, avec beaucoup de courage, la résolution de s'exposer aux hasards d'une bataille, quoique ses soldats fussent harassés de fatigues, et qu'il n'ignorât pas tous les avantages que Gonzale avoit sur lui. Les deux partis marchèrent l'un sur l'autre, avec la conviction que du succès de cette journée, alloit dépendre leur fortune, la destinée des chefs et la possession d'un grand Empire. Sourd aux représentations de ses soldats, le vice-roi voulut se mettre en première ligne avec son lieutenant-général, don Alphonse de Montemayor, qui gardoit l'étendard royal. Monté sur un cheval gris, Nugnez étoit couvert d'un manteau de toile des Indes, qui cachoit son pourpoint de satin cramoisi à franges d'or, et le collier de Saint-Jacques dont il étoit décoré. Se tournant vers ses troupes, dès qu'il fut à portée de l'ennemi : « Soldats ! leur dit-il, » ce n'est point par des paroles que j'en- » treprendrai de vous encourager aujour- » d'hui, mais bien par mon exemple. Sui- » vez et imitez votre vice-roi, faites votre » devoir comme fidèles sujets de l'empe- » reur, et souvenez-vous que c'est ici la » cause de Dieu contre des rebelles. » En répétant *c'est ici la cause de Dieu !* il charge au galop, et le combat commence par la cavalerie, à coups de lances, à coups de massues et d'épées. Après quelques charges, la cavalerie de Gonzale s'ouvrit de droite et de gauche, laissant à découvert une ligne d'arquebusiers qui, par la promptitude et la précision de son feu, abattit tout ce qui se trouvoit exposé à ses coups. Dès les premières décharges, le lieutenant-général Cabrera fut tué non loin du vice-roi. Sanchez Davila fondit à l'instant sur un escadron de Gonzale, le rompit et le défit à coups de massues et de haches d'armes; mais Gonzale accourut en personne, enveloppa la troupe de Sanchez, qui mordit la poussière, de même que la plupart des siens. L'auditeur Cepeda donnoit l'exemple, et combattoit à côté de Gonzale comme un soldat. Le vice-roi, qui se défendoit avec un grand courage dans la mêlée, se défit à coups d'épée, d'Alphonse de Montalve, qui s'attachoit à lui; mais, assailli de nouveau par Fernand de Torres, il en reçut à la tête un coup de hache, qui brisa son casque et le renversa de cheval. Ses troupes le voyant tomber, mollirent, et le combat jusqu'alors opiniâtre et disputé par l'infanterie royaliste, devint une déroute. Ceux qui osèrent tenir, moururent victimes de leur courage; la fuite sauva le reste. Le vice-roi, étendu parmi les morts, respiroit encore, quand le capitaine Suarez le reconnut et lui coupa la tête, pour venger la mort d'Yllan Suarez, son frère, exécuté à Lima, dans le palais de Nugnez; puis, faisant porter devant lui cette tête au bout d'une lance, il pénètre des premiers dans Quito, et la fait exposer au gibet public, voulant attester à la fois save ngeance et le triomphe de son parti : barbare trophée, que Gonzale se hâta de faire disparoître. Il n'avoit point quitté le champ de bataille, et, après avoir présidé en quelque sorte à la victoire, il fit sonner la retraite pour rallier ses soldats, qui étoient à la poursuite des fuyards; il ordonna de secourir les blessés, d'enterrer les morts, et fit ensuite son entrée dans Quito, à la tête de son armée victorieuse. Devant lui étoient portés le corps du vice-roi et ceux des capitaines Cabrera et Sanchez, qu'il fit ensevelir avec pompe, assistant lui-même aux funérailles en habits de deuil.

Généreux, autant par politique que par caractère, Gonzale accorda la vie à tous les prisonniers royalistes, à condition qu'ils le serviroient à l'avenir; et, en les admettant dans son camp, il défendit qu'on rappelât et leurs malheurs et leur défaite; il laissa également la vie aux capitaines Benalcazar et Alphonse de Montemayor, qui étoient tombés en son pouvoir; mais, aussi inflexible pour ceux qui lui témoignoient de la défiance, que pour les traîtres, il fit pendre les officiers royalistes qui, ne se fiant point à sa parole, avoient cru trouver un asile inviolable dans les églises de Quito.

Pressé d'encourager ses partisans, d'affermir son autorité et de s'assurer la domination entière du Pérou, Gonzale dépêcha des couriers extraordinaires de tous les côtés, pour répandre et propager la nouvelle de son triomphe.

Telle fut la bataille de Quito, donnée le 18 janvier 1546 : telle fut la mort de Nugnez, premier vice-roi du Pérou : il périt pour avoir tout sacrifié à ses devoirs et aux ordres de son roi, comme si l'excès de la vertu étoit tout aussi dangereux que le vice.

Les Péruviens avoient participé à cette guerre comme aux précédentes ; les uns sous les drapeaux de Gonzale, les autres sous les étendards du vice-roi ; répandus par milliers dans chaque armée, ils avoient applani les chemins, traîné l'artillerie, porté les bagages, et s'étoient mutuellement égorgés pour leurs vainqueurs.

Quoique décisive, la bataille de Quito ne suffisoit point encore pour soumettre le Pérou à Gonzale. Il falait réduire Centeno, qui, après s'être emparé de la ville de la Plata, menaçoit tout le haut Pérou

Poursuivi sans relâche par l'infatigable Carvajal, ses troupes ne pouvant ni résister ni se rallier, se dispersèrent. Centeno proscrit, n'ayant plus d'armée ni d'asile, se réfugia dans des montagnes escarpées, s'y tint caché, et ne dut la vie qu'à la fidélité de quelques Indiens. Tous les Espagnols de son parti, qui tomboient au pouvoir de Carvajal, périssoient dans les supplices. Le capitaine Mendoza, qui s'y étoit d'abord soustrait par la fuite, rencontra quelques soldats, dont il releva le courage, et à la tête desquels il essaya de résister. Attaqué aussitôt par Carvajal, il fut battu, fait prisonnier et perdit la tête sur un échafaud. La ville de la Plata ouvrit ses portes au vainqueur, qui y établit des juges et des magistrats de son choix. Carvajal s'empara également des fameuses mines de Potosi, d'où il tira de grandes richesses. Heureux dans ses entreprises, il eut pourtant à se garantir de ses propres officiers, qu'indignés de sa dureté et de son avarice, formèrent plusieurs complots contre sa vie; mais tous furent découverts, soit par la crainte de la mort, soit par l'appât des récompenses : plus de cinquante Espagnols périrent successivement dans les tourmens les plus affreux, par ordre de Carvajal. Resté le maître absolu de son armée et de la ville de la Plata, il fit passer à Gonzale des sommes considérables, en lui annonçant l'entière soumission de cette vaste partie du Pérou. Ainsi, depuis la frontière du Popayan jusqu'à celle du Chili, tout obéissoit à Gonzale. Il jugea, cependant, que pour assurer sa domination, il lui falloit régner exclusivement sur les mers du Pérou. En conséquence, il ôta le commandement de la flotte à Fernand Bachicao, qui s'étoit fait abhorrer par ses violences et ses exactions, et il nomma Alphonse d'Hinoïosa pour le remplacer. Cet officier cachoit, sous l'apparence de la modération, une âme vénale et un caractère hypocrite. Il parut devant Panama avec onze vaisseaux et des troupes de débarquement; mais les excès de son prédécesseur avoient tellement aigri les habitans, que la plupart prirent les armes à la vue de la flotte. Il se déclara néanmoins deux partis dans la ville; l'un, qui ne s'enrichissoit que par la navigation et le commerce, insista pour conserver ses relations avec le Pérou; l'autre, qui ne vivoit que de la profession des armes, voulut combattre. Ce dernier parti l'emporta, et sortit pour aller attaquer les troupes que venoit de débarquer Hinoïosa. On étoit à la portée du mousquet, quand les prêtres, les moines, les vieillards et un grand nombre de femmes éplorées vinrent s'interposer entre les combattans, ce qui amena une trêve. Hinoïosa en profita pour déclarer que les excès commis par Bachicao avoient été désapprouvés par Gonzale, qui l'avoit chargé expressément de protéger la liberté et le commerce. Sur ces assurances et sur la foi d'un traité, les habitans ouvrirent leurs portes. Maître de Panama, Hinoïosa le fut bientôt de Nombre de Dios, situé de l'autre côté de l'isthme; il coupoit ainsi toute communication entre l'Espagne et le Pérou; de sorte que sur terre comme sur mer, la fortune favorisa également Gonzale. Sesamis, persuadés qu'il ne falloit laisser échapper aucune occasion d'accomplir ses desseins, lui conseillèrent d'envoyer son escadre le long des côtes de la Nouvelle Espagne et de Nicaragua, pour y brûler les vaisseaux qui s'y trouveroient. Cette opération, en écartant le danger d'une attaque par mer, laissoit à Gonzale la liberté de faire rentrer sa flotte à Lima, où elle eût été à l'abri de toute surprise. « Alors, » ajoutèrent les conseillers de Gonzale, il » n'arrivera plus au Pérou aucune dépêche, » aucun ordre de la cour d'Espagne qui ne

» passe par vos mains, et vous deviendrez
» l'arbitre ou plutôt le maître de toute la
» colonie, sans avoir rien à redouter. »
Mais Gonzale, négligeant ce conseil, observa que tant de précautions décèleroient
trop de défiance et même de foiblesse ;
qu'elles seroient, d'ailleurs, injurieuses à
Hinoïosa et aux officiers de la flotte. « Ne
» les ai-je pas tous élevés à une haute for-
» tune ? ajouta Gonzale. Ne les ai-je pas
» comblés d'honneurs et de richesses ? Je
» puis donc me reposer sur leur fidélité
» comme sur leur vigilance ; d'ailleurs, la
» victoire de Quito et la défaite de Centeno,
» me mettent en état d'agir ouvertement et
» d'écraser tout ce qui oseroit encore me
» résister. »

Cet excès de confiance tenoit à la loyauté
de Gonzale, et sembloit incompatible avec
les vues d'un usurpateur, qui exigent autant de défiance que de dissimulation.

LIVRE IX.

Administration de Gonzale Pizarre. — Son entrée triomphante à Lima. — On lui offre inutilement la couronne. — Arrivée au Pérou du licencié la Gasca, avec des pouvoirs illimités. — Caractère de cet envoyé de Charles-Quint. — Défection de la flotte de Gonzale. — Seconde insurrection de Diego Centeno. — Bataille de Huarina, où, Centeno est défait par Gonzale.

Pendant son séjour à Quito, Gonzale continua de se livrer à la dissipation et aux plaisirs, remettant à ses lieutenans le soin de terminer quelques expéditions peu importantes. Sa conduite fut bientôt scrutée par la malignité; il ne restoit à Quito, disoit-on, que pour tirer plus de richesses de quelques mines d'or récemment découvertes; il s'y croyoit, selon d'autres, plus à portée de recevoir des nouvelles d'Espagne; il y en eut enfin qui attribuèrent son long séjour à Quito, à sa passion pour une belle Espagnole qui y résidoit; mais Gonzale ne tarda point à prouver que ni les richesses ni les plaisirs ne peuvent arrêter long-temps l'essor d'une ame forte.

Il avoit dissous l'audience royale pour gouverner sans contradiction, à l'aide de l'auditeur Cepeda, qui étoit devenu l'ame de son conseil. Animé de la noble ambition d'administrer sagement, il publia différentes ordonnances, soit en faveur des Indiens, soit pour hâter les progrès de la religion catholique au Pérou. Gonzale régla non seulement la perception des impôts, mais il établit une police aussi régulière que le permettoient les circonstances. Résolu de fixer enfin sa résidence à Lima, qui étoit comme le point central de l'Empire, il partit de Quito, laissant pour lieutenant dans cette ville, le capitaine-général Pierre de Puelles, avec une garnison de trois cents Espagnols et d'un plus grand nombre d'Indiens.

Pendant sa marche, il soumit quelques tribus qui étoient encore en armes du côté de Saint-Michel de Piura, et partout il fut traité comme étant le maître paisible du gouvernement. Ses soldats, ses officiers, ses créatures lui obéissoient et le respectoient comme si leur existence et leur fortune ne dévoient plus dépendre que de lui : les terres, les Indiens qu'il distribuoit, étoient censés des dons irrévocables. Ses soldats s'entretenoient, en route, diversement sur l'avenir, chacun selon son inclination. La plupart croyoient que Charles-Quint accorderoit une amnistie générale pour le passé, en conservant le gouvernement à Gonzale; les plus hardis soutenoient qu'on n'obéiroit point à l'empereur, s'il se montroit contraire à leur chef. L'auditeur Cepeda, Fernand Bachicao, et les plus intimes confidens de Gonzale, insinuoient qu'il pouvoit prétendre à une plus haute dignité, tous ensemble demeurant d'accord que jamais capitaine n'avoit pu aspirer avec plus de droit à la puissance suprême. Ce langage plaisoit à Gonzale, qui affectoit pourtant de cacher ses desirs ambitieux sous l'apparence de la modération. Son armée se grossit par l'arrivée des troupes de Carvajal, vainqueur de Centeno. Gonzale fut au-devant de son mestre de camp, auquel il fit une réception aussi brillante qu'honorable. Non seulement Carvajal lui amenoit des renforts, mais encore des armes et de l'argent. Gonzale se crut invincible avec un capitaine si expérimenté. Quand l'armée aperçut la ville de Lima, chacun s'occupa et de l'entrée et de la réception de Gonzale. Ses officiers vouloient que les principaux habitans vinssent au-devant de lui avec un dais, sous lequel il marcheroit à la manière des rois; d'autres, par une flatterie plus outrée, disoient qu'il falloit abattre une partie des murailles de la ville, pour qu'il y fît son entrée à l'imitation des généraux de Rome, auxquels on décernoit le triomphe. Gonzale rejeta ces différens avis; et, d'après les conseils de son mestre de camp, il fit son entrée publique à cheval, ayant à ses côtés l'archevêque de Lima, les évêques de Cusco, de Bagota et de Quito. Les magistrats et les principaux habitans l'accompagnèrent; et ses capitaines marchèrent tous à pied, tête nue. Les rues de Lima étoient magnifiquement ornées et jonchées de fleurs; toutes les cloches des églises et des monastères sonnoient à la fois, et leur bruit retentissant et répété, se mêloit aux sons éclatans d'une musique guerrière et aux acclamations d'un peuple immense qui, l'œil fixe, l'air attentif, admiroit la figure imposante et martiale du maître du Pérou. Conduit en pompe à la cathédrale, et de là jusqu'à son palais, Gonzale s'environna de tous les dehors de la puissance ; toujours entouré d'un nombreux cortège, nul n'osoit plus s'asseoir devant lui ; s'égalant lui-même aux rois, il ne se découvroit plus qu'en présence de la divinité ou des évêques ; mais, toujours affable pour ses compagnons d'armes, il les admettoit en public à sa table, qui étoit de cent couverts, tenant lui-même le haut bout, et ayant à ses côtés deux places toujours vides ; ses manières étoient celles d'un monarque, et il ne lui manquoit plus que de se couronner lui-même.

Au milieu des fêtes et des tournois qui se succédèrent, ses amis et ses conseillers délibérèrent, en sa présence, sur les moyens de consolider son pouvoir. Aussi hardi au conseil que dans les camps, Carvajal s'exprima ainsi : « Vous avez tous marché
» contre l'étendard royal, et contre le re-
» présentant de notre monarque. Après
» l'avoir défait, tué sur le champ de ba-

» taille, sa tête, séparée de son corps, a
» été exposée à un gibet public. Non seule-
» ment nous avons porté les armes contre
» notre empereur, mais nous avons com-
» mis ensemble, ou séparément, toutes
» les violences, tous les excès qu'entraîne
» la guerre civile. Pensez-vous que les
» rois oublient jamais les insultes faites
» à leur dignité ? Non : jamais ils ne par-
» donnent à des sujets rebelles. Nous som-
» mes tous coupables ; nous avons tous
» aidé Gonzale à usurper l'autorité, et il
» faut qu'il aspire lui-même au plus haut
» rang, ou qu'il périsse. Montez donc sur
» le trône, ô Gonzale ! et fondez une dy-
» nastie. Vos droits sont dans votre cou-
» rage, vos titres dans notre affection.
» Montrez aux peuples que vous êtes fait
» pour commander, comme pour conqué-
» rir. Distribuez et les terres vacantes et
» les esclaves indiens, à vos créatures, à
» vos soldats, à vos amis ; assurez-leur à

» perpétuité ce que l'empereur n'accorde
» que pendant la vie ; créez une noblesse
» et des honneurs pareils à ceux dont
» les Européens sont si avides ; gagnez
» même les Indiens, en allégeant le joug
» qui pèse sur eux, et en donnant votre
» main à une des filles du Soleil, héritière
» des Incas. Alors les Indiens et les Espa-
» gnols deviendront vos plus fermes appuis,
» et, armés pour votre défense, ils disperse-
» ront aisément le peu de troupes que l'Es-
» pagne pourra vous opposer. Animé de
» cette noble ambition de commander aux
» hommes, pour les rendre plus heureux,
» vous mépriserez les vaines clameurs de
» ces ames timides qui vous appelleront
» usurpateur ou tyran. On n'est point ty-
» ran quand on règne par le vœu des soldats
» et du peuple. Celui-là seul doit trembler,
» qui, usurpant le pouvoir malgré ses con-
» citoyens, ne règne que par la force, la
» ruse et le crime. N'ayant point conquis le

» Pérou pour le rendre aux Incas, vos droits,
» ô Gonzale ! sont plus incontestables que
» ceux des rois d'Espagne. Vous l'avez
» conquis cet empire, au péril de votre
» vie !..... Enfin, souvenez-vous que celui
» qui, pouvant se faire roi, demeure sujet
» par défaut d'élévation et d'énergie, meurt
» sans gloire, au lieu de vivre puissant et
» honoré. »

L'auditeur Cepeda et Fernand Bachicao appuyèrent avec chaleur l'opinion de Carvajal ; s'opposant à ce qu'il fût envoyé des députés à l'empereur, ils insistèrent pour qu'on fît de nouvelles levées, pour qu'on se pourvût d'armes et de munitions, et qu'on se saisît de tous les droits et revenus de la couronne. Ils soutinrent que le Pérou appartenoit légitimement à Gonzale, rapportant, à cet égard, plusieurs exemples de différens états et royaumes qui ne devoient leur origine qu'à des usurpateurs, devenus souverains légitimes.

« C'est ainsi, ajouta Cepeda, que tous les
» fondateurs des grandes monarchies sont
» parvenus à la souveraine puissance, bien
» moins par l'ancienneté de leurs familles
» et la validité de leurs titres, que par leur
» mérite personnel et la force de leur ca-
» ractère. » — « En vain, mes amis, répon-
» dit Gonzale, voudrois-je dissimuler la
» satisfaction que me cause la perspective
» brillante et flatteuse que vous offrez à
» mes desirs et à mon ambition. Comment
» ne pas vous savoir gré de tout ce que
» vous faites pour ma gloire, et pour l'ac-
» croissement de ma fortune ? Je le sens,
» vous voudriez l'affermir et l'étendre ;
» mais une force secrète, que je ne puis
» définir, me retient encore et me défend
» de prendre le titre de roi. Peut-être,
» n'ai-je pas les talens nécessaires pour
» régner, et dois-je craindre de m'éclipser
» au premier rang. Vous l'avouerai-je ?
» les principes qui me furent inculqués

» dans mon enfance, prévalent encore,
» et me ramènent au respect et à la sou-
» mission que je dois à mon prince. Eh
» quoi ! mon ambition n'est-elle pas satis-
» faite ? Pourquoi donc aspirer à un vain
» titre, que je ne puis obtenir sans causer
» de l'ombrage à mes amis, et sans aug-
» menter le nombre des ennemis de ma
» fortune ? Toutes les usurpations n'ont-
» elles pas été marquées par de longs dé-
» chiremens, par des guerres renaissantes,
» et leurs auteurs, livrés aux remords, ne
» sont-ils pas tombés, presque tous, sous
» les poignards ? Du reste, je ne puis croire
» que l'empereur me refuse la récompense
» due à mes services. Quant à la mort du
» vice-roi, tout peut être rejeté sur la né-
» cessité des circonstances, et sur les ri-
» gueurs de ce méchant homme. Ce sont
» les auditeurs qui l'ont chassé : ils en
» avoient le droit. S'il a été tué sur le
» champ de bataille, on ne doit l'imputer

» qu'à son retour téméraire. Un frère ir-
» rité a séparé, il est vrai, sa tête de son
» corps; mais n'ai-je pas blâmé cette ac-
» tion, qui a été aussitôt réparée ? Nous
» pouvons donc espérer une amnistie pleine
» et entière. Si, contre mon attente, nous
» allions éprouver un refus; si j'allois être
» moi-même l'objet d'une injustice, certes,
» je saurois, avec l'aide de vos conseils et
» l'appui de mon épée, me maintenir dans
» une place qui fait ma sûreté comme la
» vôtre. Jusques-là, il ne m'est point en-
» core démontré que Dieu me destine une
» couronne; je dois donc différer jusqu'à
» ce que j'aie établi ma puissance sur de
» plus solides fondemens. Quel que soit le
» parti que je prenne, ô mes amis! je n'en
» suivrai pas moins vos conseils, pour tout
» ce qui concerne l'administration et la
» conduite des affaires. Et vous, Carvajal,
» que votre âge et votre expérience me
» rendent doublement cher, permettez que

» je vous regarde comme mon père, et que
» je vous appelle ainsi désormais. Puissiez-
» vous m'aimer comme votre fils, et me
» garantir, autant par la vigueur de vos con-
» seils que par votre épée, des revers im-
» prévus de la fortune ! »

A ces mots, Carvajal se jeta dans les bras de Gonzale, et lui jura une éternelle amitié : ses autres conseillers, à l'exemple de Carvajal, lui renouvelèrent leur protestation de fidélité et de dévouement. Persuadés que la cour d'Espagne ne satisferoit point Gonzale, ils conservèrent l'espérance de le ramener bientôt à leur avis.

Dès ce moment, Gonzale changea entièrement de conduite ; il passa tout-à-coup de l'orgueil le plus outré et de l'extrême arrogance, à une excessive affabilité, sans doute pour jeter les fondemens des grands desseins que venoient de lui inspirer ses capitaines.

Tandis que maître du gouvernement,

il hésitoit encore de prendre les marques de la royauté, le ministère espagnol délibéroit sur les moyens de rétablir l'autorité de Charles-Quint au Pérou.

La mort du vice-roi Nugnez étoit encore ignorée en Espagne ; mais l'empereur avoit eu connoissance des premiers troubles occasionnés par son apparition à Lima. Ses ministres opinèrent pour que Gonzale et ses adhérens fussent déclarés rebelles, et punis comme tels ; mais une foule d'obstacles s'opposoient à l'exécution de ce plan sévère. Charles-Quint se trouvoit alors engagé dans une guerre opiniâtre en Allemagne, et l'Espagne épuisée d'hommes et d'argent n'étoit point en état d'envoyer une expédition capable de soumettre les conquérans du Pérou. Ces derniers paroissoient d'ailleurs conserver encore quelques sentimens de respect et d'attachement pour la métropole, et il ne sembloit pas impossible de les ramener, soit en usant de modération et d'indulgence, soit en leur faisant des concessions sur lesquelles le temps permettroit ensuite de revenir. Ne pouvant employer la force, le ministère espagnol adopta un système de ruse et de duplicité. Fixé à ce dernier parti, le succès alloit dépendre des talens et de l'habileté du négociateur sur qui tomberoit le choix du monarque. Les ministres désignèrent Pierre de la Gasca, prêtre et conseiller de l'inquisition, déjà employé avec succès dans des affaires délicates. Charles approuva le choix de ses ministres, et nomma la Gasca président de l'audience royale du Pérou. Probité sévère, sagesse consommée, caractère insinuant et doux, mais pénétrant et ferme, telles étoient les qualités de ce prêtre espagnol. Malgré son âge et la foiblesse de sa complexion, malgré la longueur du voyage, le changement de climat, les fatigues et les périls attachés à une semblable mission, il se soumit sans hésiter à la volonté de l'empereur. En refusant d'abord un évêché, il déclara qu'il ne désiroit ni rétribution ni récompense, et qu'il vouloit se présenter aux ennemis de l'Etat comme ministre de paix, avec le simple habit ecclésiastique, et une suite modeste. Mais après avoir prouvé son désintéressement, la Gasca exigea des pouvoirs illimités ; la révocation des ordonnances qui avoient occasionné les troubles, et une amnistie générale pour les coupables. Les ministres espagnols s'y refusèrent ; mais Charles - Quint, dont les vues étoient plus profondes, accorda sans crainte à la Gasca de pleins pouvoirs, avec la faculté de lever des troupes, d'employer au besoin les forces de terre et de mer, et de réclamer le concours et l'assistance des gouverneurs de toutes les colonies espagnoles : espèce de dictature morale, fondée sur les vertus chrétiennes d'un simple ecclésiastique, qui étoit destiné à donner au monde un exemple unique de dignité et de désintéressement, de douceur et de fermeté, de patience et de courage. Les pouvoirs de la Gasca restèrent secrets, pour qu'il pût employer les voies de la conciliation avant d'en venir aux moyens de rigueur. Ce digne prêtre hâta son départ et s'embarqua dans le courant de mai 1546, sans troupes et sans argent, pour aller appaiser, à quatre mille lieues de la métropole, une rébellion redoutable; il n'amena que deux auditeurs avec lui, et le maréchal Alphonse d'Alvarado, connu au Pérou par ses relations avec les Pizarre. Après avoir traversé le vaste Océan, le vaisseau de la Gasca vint mouiller à Nombre de Dios, où l'amiral Hinoïosa avoit laissé Hernand Mexia avec une garnison espagnole. La Gasca parut avec un air si pacifique, un cortège si peu nombreux, un titre si modeste, que, loin d'exciter aucune crainte, il n'inspira, au contraire,

que de la vénération par la sainteté de son ministère et la simplicité de ses mœurs. Le commandant Mexia l'envoya supplier de venir à terre, et le reçut avec respect, comme étant, d'ailleurs, revêtu d'une autorité légale. La Gasca lui cacha soigneusement l'objet principal de sa mission, et lui dit, en l'abordant, qu'il étoit chargé d'un ordre de l'empereur, relativement à Gonzale Pizarre; mais que, s'il refusoit d'obéir, il s'en retourneroit sur-le-champ en Espagne; car, n'étant rien moins que guerrier, il n'entroit pas dans ses plans de forcer Gonzale à l'obéissance par la force des armes. « Ainsi, ajouta la Gasca, considé-
» rez-moi comme un envoyé de paix, chargé
» uniquement de redresser les griefs, de
» rétablir l'ordre et la justice au Pérou; je
» vous déclare, en outre, que l'empereur
» m'ayant nommé président de l'audience
» royale, je suis autorisé à révoquer les
» réglemens qui ont occasionné tant de

« troubles et de désordres. » Mexia et ses officiers furent séduits par l'air de franchise et les manières affables du président, et ils embrassèrent aussitôt ses intérêts avec chaleur. Il paroissoit plus difficile de décider l'amiral à qui Gonzale avoit confié le gouvernement de l'isthme et le commandement de la flotte. Mexia et Alphonse d'Alvarado se rendirent à Panama, pour suivre, en personnes, cette négociation délicate. Dès qu'Hinoïosa fut assuré de la conservation de sa place et de ses biens, il n'hésita point de trahir Gonzale; car ce n'est jamais que pour acquérir ou conserver des richesses, qu'on se décide à changer de maître. La Gasca vint lui-même à Panama, où il eut plusieurs conférences avec l'amiral, qui jura fidélité et obéissance à l'empereur. Les principaux officiers de terre et de mer firent le même serment, mais en secret, la Gasca ne voulant rien abandonner au hasard ni au caprice des soldats, quoique la plupart n'attendissent plus que ses ordres pour se déclarer ouvertement. Il résolut de dépêcher à Gonzale un gentilhomme castillan, nommé Hernandez Paniagua, auquel il confia une lettre de l'empereur à Gonzale, et une autre qu'il lui écrivoit lui-même, dans la vue de le ramener à l'obéissance. Paniagua étoit d'un caractère insinuant et délié. « Pénétrez, lui » dit la Gasca, dans le fond du cœur des » confidens de Gonzale; et, si tout le » monde est pour lui, assurez-le, de ma » part, que j'ai l'ordre exprès de l'empereur » de le confirmer dans le gouvernement du » Pérou; car il importe peu par qui soit » administré cet Empire, pourvu que Charles-Quint en reste le maître; mais ceci » est un secret que je vous confie, comme » on me l'a confié à moi-même. »

Avant l'arrivée de cet émissaire au Pérou, Gonzale apprit que la Gasca venoit d'aborder à Panama. Inquiet de l'objet de sa mission, il rassembla aussitôt ses capitaines, pour connoître leur avis. Les plus décidés proposèrent de ne point admettre le président, et de s'en défaire ouvertement ou en secret. D'autres dirent, au contraire, qu'il falloit l'attirer, pour s'assurer ensuite de sa personne; il y en eut qui conseillèrent d'assembler les députés des autres villes, et de traîner la session en longueur, sous différens prétextes, afin de se rendre maître de toutes les communications avec l'Espagne. Les avis les plus modérés alloient au moins à chasser la Gasca. Il fut convenu, après bien des débats, qu'on enverroit à Charles-Quint des députés qui, non seulement lui présenteroient la conduite de Gonzale sous le point de vue le plus favorable, mais lui demanderoient encore, au nom de toutes les villes du Pérou, de confirmer son autorité pendant toute sa vie. L'archevêque de Lima, Lorenzo d'Aldana, gouverneur de la ville, et le frère Thomas, provincial des Dominicains, composèrent cette espèce d'ambassade, que Gomez de Solis, maître d'hôtel de Gonzale, eut ordre de suivre et de surveiller en secret. Les députés devoient d'abord se rendre à Panama, auprès du président, pour le prier de retourner en Espagne. Impatient de connoître l'issue de son ambassade, Gonzale fit placer des couriers sur toutes les routes et sur tous les points de débarquement, afin d'être plus promptement informé de ce qui se passeroit à Panama. Ses députés avoient mis à la voile, quand l'envoyé Hernandez Paniagua parut dans la capitale du Pérou. Introduit devant Gonzale, il lui remit ses dépêches, en présence de ses capitaines, et reçut l'ordre de faire connoître l'objet de sa mission. Hernandez s'expliqua avec hardiesse, et, dès qu'il eut parlé, on le fit sortir, avec menace de le mettre à mort, s'il traitoit avec tout autre que Gonzale et son conseil. Quelques officiers proposèrent même de tuer sur-le-champ Hernandez ; mais Gonzale s'y opposa ; et congédia l'assemblée, ne retenant auprès de lui que Cepeda et Carvajal, les seuls qui eussent son entière confiance. Il leur communiqua la lettre de Charles-Quint. (1) Ce monarque rejetoit les troubles sur la trop grande inflexibilité du vice-roi ; il flattoit Gonzale, attribuoit sa conduite à l'amour du bien public, et lui annonçoit l'envoi au Pérou du licencié la Gasca, en qualité de président de l'audience royale ; il l'invitoit à l'aider de ses conseils et de son crédit, lui promettant de ne jamais oublier les services que lui et ses frères avoient rendus à la couronne d'Espagne.

La lettre du président n'étoit pas moins

---

(1) Voyez à la fin du volume, les pièces justificatives, n°. 1.

adroite (1). Il attribuoit aussi les derniers troubles à la sévère opiniâtreté du vice-roi. « S. M. Impériale, ajoutoit la Gasca, ne
» m'a envoyé que pour calmer les esprits,
» révoquer des lois impolitiques, et accor-
» der un pardon général, ainsi que vous
» l'avez demandé vous-même. La clémence
» de notre auguste monarque mérite sans
» doute une soumission entière de la part
» de tous ses sujets : montrez donc quelque
» reconnoissance pour un souverain qui,
» non seulement vous laisse la jouissance
» de tous vos biens, mais qui se réserve
» encore de récompenser les nouveaux ser-
» vices que vous pourrez lui rendre. Imitez
» l'exemple de vos illustres frères, et n'obs-
» curcissez point leur gloire ni la mémoire
» de leurs vertus par une déplorable défec-
» tion : après la désobéissance à Dieu, il

---

(1) Voyez à la fin du volume, les pièces justificatives, n°. 2.

» n'y a pas de crime plus énorme que la
» révolte contre son roi légitime; car les
» rois sont chargés du maintien de l'ordre
» social, en qualité de représentans de la
» Divinité sur la terre. Réfléchissez sur le
» danger de votre position, et souvenez-
» vous que la puissance de votre empereur
» est telle, qu'il vous seroit impossible de
» lui résister. »

Carvajal parla le premier, et fut d'avis d'accepter les offres de l'empereur. « Par
» la révocation des ordonnances et le par-
» don général, leur dit-il, nous voilà réta-
» blis dans la possession de nos départemens
» d'Indiens, et nos jours sont désormais en
» sûreté. En outre, rien dans l'administra-
» tion ne devant se faire que d'après l'avis
» et le conseil des propriétaires et princi-
» paux notables, il est évident que ce sera
» nous qui gouvernerons à l'avenir. N'ayant
» plus de motif plausible qui justifie la
» guerre, nous pouvons donc nous sou-

» mettre en apparencce, sauf à reprendre
» nos grands desseins, si la conduite du
» président nous devenoit suspecte. »

Cepeda fut d'un sentiment opposé, et prétendit que rien n'étoit moins sincère que toutes les vaines promesses des rois et de leurs ministres. « On veut seulement,
» ajouta-t-il, que nous posions les armes,
» pour nous attaquer ensuite séparément,
» quand on nous saura sans défense. Si
» vous recevez le président, vous verrez
» que, partout sur son passage, il gagnera
» la multitude au nom de l'empereur; car,
» en révolution, un changement de maître
» semble toujours un bienfait pour le peuple.
» Je ne pense pas, du reste, que vous vous
» laissiez séduire vous-mêmes par cette pré-
» tendue simplicité, par cette franchise ap-
» parente d'un prêtre hypocrite et fourbe.
» Habile dans l'art de tromper les hommes,
» il leur tend des pièges, par inclination ou
» par habitude. Je conclus que, si vous êtes

» assez crédules pour recevoir le président,
» notre perte est inévitable. »

Quoique Gonzale ne donnât point son avis, il laissa entrevoir qu'il penchoit pour celui de Cepeda, par la crainte d'être dépossédé du gouvernement. Le même motif animoit Cepeda, dont l'ambition alarmée considéroit l'admission du président comme le terme de son influence et de son autorité.

Pendant la nuit, Fernandez Paniagua reçut secrètement la visite des principaux habitans de Lima et de plusieurs officiers de Gonzale, qui, protestant de leur dévouement à l'empereur, acceptèrent son pardon général et promirent d'abandonner Gonzale, dès qu'ils seroient à l'abri de sa vengeance. Ces déclarations ayant fait juger à Paniagua que l'opinion n'étoit point en faveur de Gonzale, il ne crut pas devoir lui confier le secret qu'il tenoit du président, et il se hâta de solliciter son départ, dans la crainte qu'on ne découvrît ces conférences nocturnes. Gonzale lui permit de partir, et lui remit sa réponse (1), dans laquelle, après avoir protesté de son attachement à l'empereur, il rappeloit au président tous les services que sa famille avoit rendus à l'Etat. « Nous avons soumis, ajou- » toit Gonzale, des contrées d'une im- » mense étendue, et qui produisent plus » d'or et d'argent que tous les royaumes » de l'Europe réunis ensemble; nous les » avons soumises à nos propres dépens, » sans que la couronne nous ait donné au- » cun secours, et sans autre récompense » que le sentiment d'avoir servi avec fidé- » lité notre pays et notre roi. »

Gonzale alléguoit ensuite, qu'il avoit été élu procureur-général par toutes les villes et corporations du Pérou, avec in-

---

(1) Voyez à la fin du volume, les pièces justificatives, n°. 3.

jonction de s'opposer aux violences du vice-roi, contre lequel il n'avoit agi que d'après l'impulsion de ses concitoyens.

Mais déjà le président s'étoit ouvertement déclaré contre Gonzale, espérant peu des moyens purement conciliatoires, et encouragé, d'ailleurs, par la défection des commandans de la flotte. Après une revue générale, il avoit nommé Alphonse d'Hinoïosa général en chef, en récompense de sa désertion. Les députés de Gonzale arrivèrent à Panama, au moment même où toutes les forces de terre et de mer, à l'exemple de leurs chefs, venoient de prêter serment à Charles-Quint. Lorenzo d'Aldana, gouverneur de Lima, brûla aussitôt les instructions de Gonzale, et fut saluer le président, qui lui fit de grandes promesses; ses collègues suivirent son exemple, et abandonnèrent la cause de Gonzale pour se jeter dans le parti du roi. L'intérêt personnel, guide constant de toutes les actions des hommes, les décida tous à trahir celui qu'ils avoient eux-mêmes revêtus du titre de capitaine-général ; ils trouvèrent dans l'amnistie et la révocation des ordonnances, la garantie de leur existence et de leur fortune; et, chacun d'eux se représenta les gratifications et les récompenses qu'il obtiendroit, s'il concouroit à rétablir l'autorité de l'empereur. Quatre navires armés et chargés de troupes, mirent aussitôt à la voile pour les côtes du Pérou, avec ordre d'y répandre la proclamation d'amnistie et d'y exciter les Espagnols à l'insurrection.

Ainsi, au lieu de recevoir la nouvelle du départ de la Gasca pour l'Espagne, Gonzale apprit qu'il étoit maître de la flotte et des troupes, et que, par suite du lâche abandon de ses amis, cette même flotte, commandée par son envoyé Aldana, étoit à la vue des côtes pour soulever les Espagnols, et avoit déjà entraîné Diego de Mora, commandant de Truxillo, dans le parti du roi.

Dès ce moment, Gonzale fut dévoré d'inquiétude; les soupçons l'agitèrent. Ses officiers, ses soldats, ses amis, lui paroissoient tous également suspects. Chacun étoit sur ses gardes, et tout le monde armé comme les soldats; on n'osoit plus ni se visiter ni parler d'affaires publiques; le moindre mot, le plus léger indice, donnoit lieu à d'odieuses recherches et mettoit en danger de la vie. On se préparoit néanmoins à la guerre. Gonzale envoya d'abord Juan d'Acosta sur la côte, avec cent arquebusiers à cheval, pour s'opposer aux débarquemens partiels; il nomma ensuite des capitaines, fit des levées de soldats, et appela sous ses drapeaux, sous peine de mort, tous les habitans de Lima, en état de porter les armes. En peu de temps, Gonzale eut une armée de mille Espagnols, aussi bien équipée qu'aucune troupe régulière de l'Europe, aussi remarquable par la beauté des armes que par la magnificence des habits. Le moindre soldat étoit vêtu de toile d'or et d'argent ou d'étoffe de soie, le chapeau orné de plumes et d'une large bordure d'or. Chaque chef avoit une devise à son drapeau; celle de Fernand Bachicao offroit le chiffre de Gonzale Pizarre, surmonté d'une couronne et des attributs de la royauté. Eu égard au système de guerre établi au Pérou, cette armée d'Espagnols, en y comprenant les Indiens, étoit considérable. Gonzale ordonna néanmoins à la plupart de ses lieutenans de le joindre avec les troupes des provinces, leur enjoignant de n'y laisser ni armes ni chevaux, ni rien dont pût se servir l'ennemi. Ensuite, il passa une revue générale, se mit à pied avec l'infanterie, et adressa à ses soldats une proclamation, dans laquelle, après avoir justifié sa conduite par les raisons les plus spécieuses, il exhaloit son indignation contre les officiers

de sa flotte et contre ses propres envoyés, qui, réunis au président, s'avançoient avec les mêmes vaisseaux dont il leur avoit confié le commandement. « Ce n'étoit point
» pour séduire mes soldats, ajoutoit Gon-
» zale, ni pour rassembler des troupes, ni
» pour punir ceux qui ont eu part aux trou-
» bles passés, que l'empereur avoit envoyé
» un simple ecclésiastique, à l'effet de pré-
» sider l'audience royale, c'étoit unique-
» ment pour rétablir l'ordre et tout paci-
» fier. Qu'espérer maintenant d'une pré-
» tendue amnistie offerte les armes à la
» main? N'est-ce pas un grossier artifice
» imaginé pour nous séduire ? N'avons-
» nous pas tous participé aux troubles ?
» En admettant la réalité de cette amnistie,
» n'est-il pas évident, par le seul rappro-
» chement des dates, qu'elle ne s'étend
» point aux événemens relatifs à la défaite
» et à la mort du vice-roi? Ainsi, jusqu'à ce
» que la cour d'Espagne, mieux informée,

» m'envoie de nouveaux ordres, je suis ré-
» solu de m'opposer à l'entrée du président,
» l'empereur ne l'ayant point envoyé pour
» m'ôter le gouvernement, mais seulement
» pour présider l'audience royale. »

Pour donner à sa cause toute l'apparence de la justice, Gonzale établit à Lima une cour d'audience provisoire, composée de jurisconsultes, de savans et de gens de lettres, auxquels il ordonna de faire le procès à la Gasca, pour avoir pris ses vaisseaux, suborné ses officiers et empêché ses dépêches de parvenir en Espagne. On instruisit la procédure dans les formes, et, en peu de jours, fut prononcée une sentence qui condamnoit la Gasca à la peine de mort, Alphonse d'Hinoïosa et Aldana à être écartelés, comme convaincus de trahison. L'avocat Cepeda ne rougit point de signer une pareille sentence, quoiqu'il exerçât les fonctions de juge, en vertu d'une commission de l'empereur; un seul jurisconsulte, le licéncié Hondegardo, eut assez de fermeté pour refuser sa signature. Il représenta avec force que, le président étant prêtre, et sa personne sacrée, l'excommunication atteindroit quiconque signeroit sa mort. Du reste, c'étoit à l'épée seule, et non point à une cour de justice à régler les destinées du Pérou.

L'apparition d'une escadre impériale, et la proclamation d'amnistie répandue avec profusion, avoient préparé les royalistes à un soulèvement général. Tout étoit en fermentation sur la côte ; vers les montagnes, il ne falloit plus qu'un chef : il se montra, et ce fut le même Diego Centeno qui, depuis sa défaite par Carvajal, étoit resté caché dans une caverne. Entraîné à reprendre les armes par des lettres pressantes de la Gasca ; connoissant, d'ailleurs, la disposition favorable des esprits, Centeno sortit tout-à-coup des lieux inaccessibles qui lui servoient d'asile, appela tous ceux de ses anciens soldats cachés près de lui, dans des antres ou au fond des forêts; et à peine en eut-il réuni quarante, qu'il marcha sur Cusco, où il avoit des intelligences. Antoine de Robles y commandoit pour Gonzale. Au premier avis de la marche des insurgés, il sort de la ville et veut en défendre les approches. Centeno le tourne et l'attaque, résolu de vaincre ou de périr. L'obscurité, le bruit des armes, les cris d'effroi et de mort augmentent la confusion et le désordre; les vedettes égorgées, nul ne peut plus se reconnoître; on se croit assailli par une armée entière; les soldats se tuent les uns les autres, et Centeno profitant de cette terreur panique, pénètre dans la ville et fait prisonnier Antoine de Robles. Le lendemain, au lever du soleil, sa tête tombe, et Centeno, proclamé capitaine-général au nom de l'empereur, distribue des récompenses à sa troupe, et rassure les habitans de Cusco, qui lui apportent des secours en abondance. Se voyant bientôt à la tête d'un parti considérable, Centeno prit le chemin de la Plata, pour ranger de nouveau cette ville dans le parti du roi.

La perte de Cusco, la mort d'Antoine de Robles, la fermentation qui régnoit à Lima, la conduite incertaine de plusieurs officiers, qui épioient le moment de se déclarer pour l'empereur, tout prouvoit à Gonzale qu'il devoit à peine compter sur les forces réunies sous ses yeux, lui qui venoit de se voir le maître absolu du Pérou. Le danger des opérations de Centeno lui fit prendre la résolution de marcher d'abord contre lui, certain, s'il parvenoit à le vaincre, de réduire aisément tout le reste. Mais, avant de sortir de Lima, Gonzale voulut intimider tous ceux qui nourrissoient l'espoir de le trahir. Le sort tomba sur Laurent Mexia et Antoine Altamriano; ce dernier, l'un des plus riches habitans du Pérou, fut garotté comme un criminel, puis étranglé dans sa prison et attaché aux fourches patibulaires : ses trésors devinrent la proie des favoris de Gonzale. Après ce coup d'autorité, les principaux habitans de Lima furent convoqués au palais des Pizarre; tous s'y rendirent sans exception. Gonzale leur représente d'abord combien ils sont redevables à sa famille, et combien leur intérêt propre est lié à sa cause ; puis, permettant à chacun la liberté de déclarer ses sentimens, il les interpelle tous de s'expliquer sans contrainte sur le parti et l'asile qu'ils veulent choisir. « Mais aussi, ajoute-t-il, » j'exige, par serment et par écrit, une » promesse de fidélité de la part de ceux » qui se rangeront sous mes drapeaux, » et je déclare qu'il y va de la vie pour » quiconque violeroit son engagement. » Tous répondent qu'ils veulent le suivre, et lui offrent leurs biens, leur personne, cherchant à l'envi l'un de l'autre, les raisons les plus spécieuses pour justifier cette guerre, et exagérant même les obligations qu'ils avoient aux Pizarre. Il y en eut plusieurs qui s'exprimèrent avec une bassesse et une flatterie outrées. Tandis qu'ils s'épuisoient en protestations, Gonzale tira un papier qui contenoit fort au long tout ce qui venoit d'être proposé : en un moment, il fut couvert de signatures.

Muni de ce frêle appui contre l'intérêt et la force, Gonzale se met en route pour aller combattre Centeno ; mais à la vue même de Lima, plusieurs des siens l'abandonnent. Il les fait poursuivre et punit rigoureusement tous ceux qu'on peut atteindre, la désertion redouble ; Gonzale presse sa marche, et, redoutant d'être trahi par ses propres soldats, il multiplie les précautions pour sa sûreté, surveille lui-même le camp, et fait garder une moitié de l'armée par l'autre ; mais il est successivement abandonné par ceux mêmes qui, après l'avoir contraint de se déclarer leur chef, s'étoient ensuite obstinés à le suivre. Ce qui le touchoit le plus, c'étoit de voir s'éloigner ceux qu'il croyoit ses amis : ils gagnoient la côte, puis les vaisseaux d'Aldana en croisière à la vue de Lima. Le camp étoit rempli de trouble et d'inquiétude; plus on avançoit, plus on perdoit de monde. Outré de dépit et de douleur, Gonzale ne comptoit même plus sur la fidélité de ses vrais amis; il se tenoit caché dans sa tente, en proie à des accès de fureur et de rage, ordonnant à la garde du camp de tuer tous ceux qui s'en écartoient; puis, tout-à-coup, il accélère et précipite sa marche, croyant que l'éloignement diminuera la désertion. Partout, sur son passage, il trouve les villes et les habitations désertes; car, pour l'éviter, on alloit joindre Centeno. Ce chef royaliste, dont la troupe grossissoit chaque jour, étoit résolu de combattre Gonzale. Après avoir opéré sa jonction avec Alphonse de Mendoza, il occupa tous les passages, et prit, avec le gros de son armée, une forte position, près du grand lac de Titicaca. C'étoit dans ce même lac que les Péruviens avoient englouti une grande partie de leurs richesses, lorsque François Pizarre s'étoit emparé de Cusco; ils y avoient jeté surtout la grande chaîne d'or de l'Inca Huana Capac, destinée à des usages sacrés; sa longueur étoit de plus de deux cents aulnes. Au milieu de ce lac est une île célèbre, d'où Manco Capac annonça aux Indiens étonnés, qu'il étoit appelé par leur dieu à être le souverain législateur du Pérou. A ces traditions, en quelque sorte sacrées, parmi les Péruviens, se rattache aujourd'hui le souvenir de la fameuse journée de Huarina, où Gonzale et Centeno se disputèrent, les armes à la main, la possession de l'Empire des Incas. Le 16 octobre, les coureurs des deux armées se rencontrèrent et allèrent de part et d'autre en porter la nouvelle à leurs géné‍raux.

. Gonzale envoya immédiatement un de ses chapelains à Centeno, pour le prier de ne point le contraindre à donner bataille, rejetant sur lui, en cas de refus, tout le sang qui seroit versé. Centeno, quoique malade, refusa d'entrer en pourparler et donna ordre à ses soldats de se préparer à combattre. Il avoit près de mille soldats espagnols, dont deux cents hommes de cavalerie, deux cent cinquante arquebusiers, et le reste armé de piques et de lances. De moitié inférieure en nombre, la troupe de Gonzale n'étoit composée que de ces premiers conquérans du Pérou, hardis, désespérés et irrévocablement attachés à la cause de leur chef. Trois cents arquebusiers, sur qui seuls étoit fondé l'espoir de vaincre, en formoient l'impénétrable noyau. Trente-six à quarante mille Indiens, répartis dans les deux armées, offroient le contraste de deux nations si différentes, et dont l'une, qui étoit vaincue, aidoit ses vainqueurs à river ses propres chaînes. Ce fut à Huarina, près du grand lac, que les deux partis se rencontrèrent. La plaine où Carvajal rangea les troupes de Gonzale, étoit rase, et n'offroit aucun obstacle qui pût nuire aux manœuvres. Fiers de leur nombre, les royalistes se croyoient sûrs de la victoire; mais, à la vue de l'ennemi, les Indiens, qui gardoient le camp de Centeno, demandèrent aux officiers en quel lieu ils devoient transporter les bagages, pour qu'il ne tombât point au pouvoir des vainqueurs : funeste pressentiment d'une défaite, qui devint en quelque sorte prophétique!

Cependant, l'armée royale, rangée en bataille, marcha d'abord en bon ordre, les piques baissées, mettant dans l'attaque une ardeur qui dégénéra bientôt en confusion. Carvajal ne permit point aux arquebusiers de Gonzale de tirer avant que l'ennemi ne fût à cent pas; alors, il ordonna une décharge de canons et de mousqueterie, qui fut faite avec tant de précision et d'ensemble, que bientôt les bataillons royalistes commencèrent à s'ouvrir; mais la cavalerie de Centeno, supérieure à celle de Gonzale, voyant l'infanterie ébranlée, chargea la cavalerie ennemie, avec autant de valeur que de succès. Gonzale fut renversé de son cheval, et auroit perdu la vie, si Garcilasco de la Vega, père de l'historien, ne l'eût tiré de la mêlée. Poursuivi cependant par trois cavaliers royalistes, l'un d'eux, nommé Michel de Vergara, étoit près de l'atteindre, et s'écrioit : *à moi le traître Pizarre*, quand Gonzale se retournant tout-à-coup, l'abattit d'un revers de sa hache d'armes, puis rejoignit son infanterie, qui le reconnut, haussa les piques pour le recevoir, et tailla en pièces ce même Vergara qui, s'étant relevé, poursuivoit encore Gonzale. Ce choc de la cavalerie fut décisif en faveur des royalistes. L'auditeur Cepeda, blessé dans une charge, étoit resté leur prisonnier, et Fernand Bachicao croyant tout perdu, avoit lâchement déserté du côté de Centeno. Aux cris de joie de la cavalerie royaliste, l'infanterie d'abord repoussée, revient sur ses pas, et, croyant la bataille gagnée sans retour, elle se débande imprudemment pour piller le camp ennemi La cavalerie victorieuse, voulut charger l'infanterie de Gonzale, tourna tout autour pour l'attaquer en flanc, trouva des pelotons d'arquebusiers que Carvajal avoit portés sur les ailes, et en fut tellement maltraitée, qu'elle perdit la plupart de ses officiers, et fut mise en déroute. Alors, il n'y eut plus sur le champ de bataille de corps royaliste capable de résister à cet impénétrable bataillon qui, prenant à son tour l'offensive, renversa tout ce qui s'opposoit à sa marche.

C'est ainsi que l'intrépidité de Gonzale (il étoit remonté à cheval pour charger de nouveau); et la supériorité des talens militaires de Carvajal, prévalurent sur les premiers avantages des royalistes ; de toutes parts, ils fuyoient en désordre, pour échapper au massacre. Centeno, porté sur un brancard par des Indiens, et doublement accablé par la maladie et par le désespoir de sa défaite, avoit perdu connoissance, et ne revenoit à lui, par intervalle, que pour se reprocher la perte de son armée. Poursuivi et serré de près, l'amour de la vie l'emporta, et lui fit trouver assez de forces pour pouvoir s'élancer sur un cheval et se dérober à la mort par une fuite précipitée à travers les déserts. A peine Centeno put-il échapper à l'activité de Carvajal, qui poursuivoit les fuyards avec une ardeur incroyable, surtout Jean Solon, évêque de Cusco ; contre qui il étoit irrité : « attendu, disoit Carvajal, qu'au lieu de

» prier Dieu pour la paix des chrétiens, ce » prélat faisoit les fonctions de mestre de » camp dans l'armée de Centeno. » N'ayant pu l'atteindre, il fit pendre un religieux de sa suite ; puis, rencontrant le capitaine Bachicao, qui s'imaginoit pallier sa désertion, et revenoit sur ses pas, il le fit saisir et mettre à mort sous ses yeux, tout en lui adressant des sarcasmes ; car le caractère de Carvajal le portoit à s'abandonner à son double penchant pour la raillerie et la cruauté.

Après l'entière défaite des royalistes, Gonzale avoit marché en bon ordre jusques aux tentes de Centeno, faisant égorger tous les soldats ennemis qu'il rencontroit sur son passage. En traversant le champ de bataille, qui étoit couvert de morts et de blessés, il se mit à genoux, et remercia le ciel, en s'écriant : « Grand » Dieu, quelle victoire ! Jésus, quelle vic- » toire ! » Elle étoit complète, en effet, et il n'y avoit plus d'armée royaliste. On pilla le camp, où le butin étoit immense. Après avoir fait enterrer les morts et panser les blessés, Gonzale répartit entre ses officiers et ses soldats, toutes les terres des vaincus, avec promesse de les faire tous entrer en jouissance, dès que les circonstances le permettroient. Il ordonna ensuite aux prisonniers royalistes de se ranger sous ses drapeaux, leur assurant, à cette condition, un entier pardon du passé.

Sa réputation s'enfla tellement par la victoire de Huarina, qu'on le regarda dèslors comme invincible. Son armée se grossit, et son entrée à Cusco fut un véritable triomphe. Gonzale traversa la ville aux acclamations des Espagnols et des Indiens; ces derniers lui donnèrent le titre de majesté, et lui rendirent les mêmes honneurs qu'aux Incas.

Au milieu de ses succès et de sa gloire, Gonzale fit de grands préparatifs pour s'opposer au président, qui venoit de débarquer à Tumbez. Carvajal et même Cepeda étoient d'avis de profiter de la victoire de Huarina pour traiter avantageusement ; mais Diego Guillem, Juan d'Acosta, et Juan de la Tour, qui formoient le parti des jeunes gens, firent décider la continuation de la guerre. C'est presque toujours au délire de l'orgueil et à l'enivrement de la prospérité, que les conquérans doivent leur chute.

LIVRE X.

Opérations du président la Gasca, dictateur du Pérou. — Marche de Gonzale Pizarre pour combattre le président. — Journée de Xaguizagana, et défection de l'armée de Gonzale. — Mort de ce capitaine et de Carvajal, son mestre de camp. — Conduite vertueuse du président la Gasca. — Sa retraite honorable en Espagne. — Fin des troubles du Pérou. — Extinction de la race des Incas.

D'AUTRES événemens, qui furent à l'avantage des royalistes, balancèrent la victoire de Huarina, remportée par Gonzale. A peine fut-il éloigné de Lima, que les habitans arborèrent l'étendard royal, et ouvrirent leurs portes aux officiers du président. Lorenzo d'Aldana prit possession de la ville, au nom de Charles-Quint, après en avoir été gouverneur au nom de Gonzale. Il étoit accompagné de tous les royalistes qui s'étoient réfugiés sur la flotte : on les reçut avec transport. Aldana dépêcha aussitôt, par mer et par terre, des officiers chargés d'inviter le président à venir terminer lui-même une révolution si heureusement commencée. Dans son trajet de Panama au Pérou, la Gasca avoit rencontré son envoyé Hernandez, venant de Lima. Instruit par lui des dispositions favorables des habitans de cette ville et de la plupart des officiers de Gonzale, il avoit cinglé à pleines voiles vers Tumbez, où il étoit débarqué avec une centaine de soldats. Animés par sa présence, tous les habitans des côtes et de la plaine du Pérou se déclarèrent pour l'empereur. Le président se dirigea vers les montagnes, et donna rendez-vous à ses troupes dans la vallée de Xauxa, sur la route de Cusco. Plus il pénétroit dans l'intérieur du Pérou, et plus il se montroit empressé de gagner les cœurs, ne reprochant à personne sa conduite passée, et accueillant les amis de Gonzale comme un père reçoit des enfans qui rentrent dans le devoir. Par sa douceur et son affabilité, il captivoit également l'affection des déserteurs, de sorte qu'en peu de temps, plus de quinze cents Espagnols se rangèrent sous ses drapeaux, y compris les troupes qu'Aldana put tirer de Lima et de la flotte. Le président sentit le besoin de les plier à l'usage des armes et à la discipline; en conséquence, il les exerça aux évolutions et aux manœuvres; il fit dresser des forges, fabriquer des mousquets et des piques, visita lui-même le camp, les ouvriers et les malades. On s'étonnoit qu'un seul homme pût surveiller tant de détails; déjà même on commençoit à croire la victoire possible, quand l'évêque de Cusco vint annoncer la défaite de Centeno. Les soldats se réjouirent en secret d'un événement qui, en prolongeant la guerre, leur donnoit plus de droits aux récompenses. Le président s'étoit flatté que le grand nombre feroit prévaloir la cause des royalistes. Trompé dans son attente, il montra, dans cette occasion, autant de sang-froid que de fermeté, faisant occuper tous les passages, soit pour être plus tôt instruit de la marche de l'ennemi, soit pour recueillir les fuyards royalistes. Cependant, comme si tout étoit continuellement balancé par une alternative de bien et de mal, il reçut l'agréable nouvelle que toute la province de Quito venoit de se déclarer contre Gonzale. Cette révolution, préparée d'abord par Pierre de Puelles, avoit été consommée par un officier castillan, nommé Rodrigue de Salazar. Ce fourbe, qui avoit trahi le vice-roi Nugnez pour suivre le parti de Gonzale, complota une nouvelle perfidie pour s'assurer l'impunité et des récompenses. On le vit, à l'imitation des meurtriers de Pizarre, pénétrer en plein jour, à la tête de quatre conjurés, dans le palais de Pierre de Puelles, et après l'avoir tué à coups de poignard, jeter son cadavre sur la place publique, aux cris répétés de *vive le roi ! périsse Gonzale !* Toute la ville de Quito, et successivement la province entière, se déclarèrent pour le président, qui fut contraint de louer l'action de Salazar, assassin de son général : telle est la politique, elle approuve souvent des actions infâmes. Après cet événement, le Pérou se trouva de nouveau partagé : Cusco et toutes les provinces adjacentes obéissoient encore à Gonzale; le reste de l'Empire, depuis Quito jusqu'au delà de Lima, reconnoissoit l'autorité royale et la jurisdiction du président. Tous les préparatifs d'attaque furent poussés avec vigueur par la Gasca; il régla lui-même la marche et les mouvemens de ses troupes, et il en fit la revue générale, accompagné de l'archevêque de Lima, des évêques de Quito et de Cusco, et d'un grand nombre d'ecclésiastiques. On trouva sous les drapeaux huit cents arquebusiers, six cents lanciers, et près de cinq cents hommes de cavalerie : c'étoit le corps d'Espagnols le plus nombreux qui eût encore paru dans le Pérou. Hinoïosa en eut le commandement, en récompense de sa défection; Alphonse d'Alvarado fut nommé mestre de camp général, et Michel de Royas, commandant de l'artillerie.

Cependant Gonzale, qui occupoit toujours Cusco avec le gros de son armée, s'obstinoit à regarder sa dernière victoire sur Centeno comme décisive. Ce n'étoit point l'opinion de Carvajal, qui proposa d'évacuer Cusco et de s'emparer de tous les passages qui étoient sur le chemin des royalistes; mais Gonzale, endormi dans une fatale sécurité, rejeta les conseils de Carvajal.

Le 29 décembre, l'armée royale, renforcée par plusieurs corps d'Indiens auxiliaires, se mit en marche, et se dirigea sur Cusco. La disette et les grandes pluies qui tombèrent nuit et jour, sans interruption, la forcèrent de prendre ses quartiers d'hiver à Andaguayras. Tout étoit sous les eaux; les vêtemens, les vivres, rien ne pouvoit en être garanti. Cette calamité dura plusieurs mois, pendant lesquels on n'auroit point sauvé les malades, sans les soins charitables des religieux qui suivoient l'armée. On étoit encore à Andaguayras, quand le capitaine Valdivia, officier expérimenté, arriva de son expédition du Chili; vint ensuite Diego Centeno, accompagné d'une trentaine de cavaliers qui avoient échappé, comme lui, à la déroute de Huarina. L'arrivée de ces deux capitaines fut célébrée, dans le camp royaliste, par des tournois et des fêtes militaires. Pendant les pluies, la Gasca avoit tenté les voies de la négociation avec Gonzale, offrant de lui donner des garanties et d'indemniser ses partisans ; mais, enivré du succès de ses armes, fier d'avoir sous ses ordres plus de mille Espagnols aguerris, Gonzale rejeta toutes les propositions du président. Ce dernier, après avoir épuisé tout ce qu'avoit pu lui suggérer sa modération, afin d'éviter de verser le sang de ses compatriotes, reprit la route de Cusco, et vint camper à vingt lieues de cette ville, près le pont d'Abançay.

Gonzale ordonne enfin à son mestre de camp d'arrêter l'ennemi, et, pour la première fois, Carvajal est d'avis de ne point combattre. « Si vous ne voulez pas, dit-il
» à Gonzale, tout abandonner aux hasards
» d'une journée douteuse, rompez les ponts,
» détruisez les moulins, enlevez les vivres
» et les bestiaux, brûlez tout ce que vous
» ne pouvez emporter, et faites de Cusco
» un désert. L'ennemi ne trouvant plus au-
» cune ressource, ne pourra manquer de
» se décourager et de s'affoiblir. Examinez

» la composition de son armée, vous y
» trouverez moins de soldats que de misé-
» rables matelots, qui n'ont pas même de
» quoi couvrir leur nudité; aussi, tout leur
» espoir consiste dans le pillage de Cusco.
» Que deviendront-ils, s'ils trouvent la
» ville dépourvue et déserte? Le président
» ne pouvant plus les nourrir, sera forcé
» d'en congédier un grand nombre. Au
» contraire, votre armée, garantie par des
» corps d'éclaireurs qui dévasteront tout à
» vingt lieues de rayon, vivra dans l'abon-
» dance, tandis que les royalistes seront
» affamés. Vous irez de province en pro-
» vince, vous lasserez, vous épuiserez,
» vous détruirez en détail un ennemi que
» vous anéantirez ensuite à la première oc-
» casion favorable. Tel est le plan que je
» propose. » Gonzale rejeta l'opinion de
Carvajal, soit qu'il eût moins de confiance
en lui depuis qu'il l'avoit vu pencher pour
la paix, soit qu'affermi dans le dessein de

se faire roi, il fût impatient d'en venir à une action décisive. « Toute supercherie
» pour avoir l'avantage, répondit Gonzale,
» seroit indigne de moi, et je ne terminai
» point ainsi le lustre de tant de victoires.
» A quoi bon, d'ailleurs, prolonger une
» lutte que je puis terminer glorieusement?
» Non, jamais on ne me verra tourner le
» dos à l'ennemi, et, après tout, je veux
» voir jusqu'où peut aller la fortune d'un
» soldat. »

L'armée royale n'étoit plus séparée que par la rivière d'Apurimac, dont tous les ponts avoient été rompus par ordre de Gonzale. Il falloit, ou les rétablir, ou faire un circuit de soixante-dix lieues. Le président rejeta ce dernier parti, et jugea qu'en trompant l'ennemi par de fausses manœuvres, on pourroit jeter un pont à la hâte sur un point négligé, et tenter subitement le passage. En effet, les Indiens, qui étoient en grand nombre avec les royalistes, travaillèrent avec tant d'ardeur pendant toute une nuit, qu'à la pointe du jour le pont se trouva praticable en face de Cotabamba. Gonzale avoit envoyé Juan d'Acosta avec l'avant-garde, pour s'opposer au passage. A peine fut-il à la vue de Cotabamba, qu'il trouva toute l'armée royale en bataille en-deçà de l'Apurimac; honteux de sa négligence, et n'osant point hasarder un combat inégal, d'Acosta se replia sur Cusco, laissant les royalistes dans l'étonnement de ne trouver ni obstacles ni résistance. Ils occupèrent les hauteurs de Cotabamba, et y élevèrent quelques retranchemens.

Quand on sut à Cusco que l'armée du président avoit passé l'Apurimac, les esprits furent émus et agités de cette espèce d'inquiétude qui précède le découragement : tout fut dans le trouble. Gonzale conserva seul son énergie, retrouva son activité, et se mit en marche avec neuf cents Espagnols, six pièces de canon et un grand nombre d'Indiens ; il vint camper dans la plaine de Xaguisagana, qui est à sept lieues de Cusco. L'ennemi ne pouvoit descendre des hauteurs où il étoit retranché, que par un chemin qui aboutissoit à cette plaine. Carvajal avoit lui-même choisi le camp de Gonzale et rangé les troupes, avec cette profonde connoissance de l'art militaire qui le dirigeoit dans toutes ses opérations. Le camp étoit garanti d'un côté par une rivière et des marécages ; de l'autre, par des montagnes ; de sorte qu'on y arrivoit par un étroit défilé. On ne pouvoit pas non plus le surprendre en le tournant, parce qu'il étoit couvert également par des fondrières et des précipices. Couper la retraite aux royalistes et terminer la guerre en une seule journée, tel étoit le plan de Gonzale. Les gardes avancées ne cessoient d'escarmoucher, et, pendant trois jours, de fréquentes décharges d'artillerie et de mousqueterie se firent entendre. On préluoit à une action décisive. En vain le président auroit-il voulu la différer, dans l'espoir de vaincre l'ennemi par la désertion, sans combattre; ses troupes manquoient d'eau et de vivres, tandis que l'armée de Gonzale nageoit dans l'abondance, à l'abri de la rigueur du froid auquel les royalistes étoient exposés, tant les contrastes de la température sont rapprochés dans ces climats. Quant à Gonzale, il étoit encore plus impatient de se battre ; le pardon général publié par la Gasca, et la crainte des émissaires royalistes, lui rendoient tout délai insupportable. Il résolut même de tenter une attaque nocturne ; mais la désertion d'un soldat, nommé Nava, fit échouer ce projet, et le retint malgré lui dans son camp. Non seulement Nava fit connoître le plan d'attaque au président, mais il l'avertit qu'un grand nombre de soldats de Gonzale, particulièrement ceux qui avoient servi sous Centeno, n'attendoient que l'occasion de passer sous les drapeaux de l'empereur. Cepeda lui-même ne désespéra point de se tirer d'un danger si pressant, et il envoya le frère Antoine Castro, religieux dominicain, pour demander, en secret, un sauf-conduit au président. Mais tout n'étoit encore qu'incertitude. La réputation de Gonzale et de Carvajal, et la valeur tant de fois éprouvée de leurs vétérans, offroient des obstacles qui sembloient ne pouvoir être balancés ni par des soldats peu aguerris, ni par des intrigues sourdes et des tentatives de défection. Le président flottoit entre l'espérance de vaincre sans combattre, et la crainte d'un événement imprévu, qui renverseroit toutes ses combinaisons. Il y eut un conseil de guerre, et, dans l'attente d'une attaque soudaine, il fut résolu que l'armée passeroit toute la nuit sous les armes, malgré la rigueur du froid. Le jour parut enfin : le président fit battre aussitôt le tambour et sonner les trompettes. De part et d'autre, des cris de guerre se firent entendre : jamais on n'avoit vû au Pérou tant d'Européens sous les armes. Dix-sept pièces de canon, plus de sept cents chevaux, plus de deux mille arquebusiers ou lanciers, telle étoit la masse des forces espagnoles, non compris un bien plus grand nombre d'Indiens auxiliaires. L'avant-garde de Gonzale, précédée de Péruviens armés d'arcs et de frondes, s'avança pour s'emparer d'une hauteur voisine du camp. On vit alors toute l'armée royale descendre en hâte dans la plaine, se mettre successivement en bataille, l'infanterie au centre, la cavalerie aux deux ailes. Le président parcouroit la ligne à cheval, accompagné d'un grand nombre d'officiers et d'ecclésiastiques ; il exhortoit les troupes à faire leur devoir, donnant la bénédiction à l'armée et aux drapeaux. Gonzale parcouroit aussi les rangs et animoit ses soldats ; monté sur un cheval bai, il avoit pour armure une cotte de mailles et une riche cuirasse, un casque et une épée d'or. Ses lieutenans rangeoient les troupes à mesure qu'elles arrivoient; mais Carvajal, irrité de ce qu'on avoit rejeté ses avis, ne prenoit aucune part aux dispositions de la bataille, protestant que tout étoit perdu. Déjà l'artillerie et divers pelotons d'arquebusiers faisoient feu de part et d'autre, lorsqu'on vit tout-à-coup Garcilasso de la Vega et quelques officiers de Gonzale, sortir des rangs et passer au galop du côté des royalistes. Ils furent suivis par l'auditeur Cepeda, qui, sous prétexte d'examiner de près un terrain plus convenable, poussa son cheval pour joindre l'ennemi, avec Alphonse de Pedro Hita. On les poursuivit, et Cepeda fut blessé par le capitaine Martin de Cécile, qui l'auroit pris, si le président ne s'étoit hâté d'envoyer au secours des transfuges. La désertion de Garcilasso et de Cepeda répandit la défiance et la consternation dans l'armée de Gonzale. Malgré la vigilance de Carvajal, plusieurs soldats quittent aussitôt leurs rangs ; d'autres jettent leurs armes, en déclarant qu'ils ne veulent pas combattre contre leur roi. Toute l'aile gauche des arquebusiers se porte en avant, sous prétexte d'arrêter les déserteurs, et passe en corps du côté des royalistes. Gonzale au désespoir, ordonne de les poursuivre ; le trouble, la confusion, le désordre sont au comble ; personne n'obéit, chacun épie l'instant de passer à l'ennemi ou de fuir vers Cusco, car les plus fidèles craignent d'être livrés. Placé sur une hauteur, le président nageoit dans la joie, en voyant la défection des troupes de Gonzale ; il faisoit faire halte à ses troupes, le combat devenant inutile. En vain Gonzale, d'Acosta, Carvajal et d'autres officiers, emploient tour-à-tour les prières, l'autorité, les menaces, rien ne peut arrêter leurs soldats, qui continuent de fuir, les uns à l'ennemi, les autres en rétrogradant vers Cusco. Abandonné, n'ayant plus d'espoir, Gonzale se tourne vers quelques amis fidèles, et leur propose de se soumettre à l'exemple de son armée. « Jetons-nous plutôt au milieu des ennemis, répond d'Acosta, et mourons en Romains. » Mais Gonzale étoit si abattu, qu'il n'eut pas le courage de suivre ce conseil. Il remit son épée à Villavicentio, adjudant royaliste, et lui dit : Je me rends à l'empereur. Villavicentio, flatté de tenir en son pouvoir un prisonnier de cette importance, salua Gonzale avec respect, lui présenta en échange sa propre épée, et lui offrit de le conduire au quartier-général.

Cependant l'armée royale, qu'il n'avoit plus été possible de contenir, venoit de se précipiter dans le camp de Gonzale, et le mettoit au pillage. On y trouva un immense butin, et beaucoup de soldats s'y enrichirent. La ville de Cusco ne fut préservée que par la prévoyance du président, qui détacha de la cavalerie pour y maintenir le bon ordre et arrêter les fuyards.

Ainsi fut entièrement dissipée et soumise, en moins d'une heure, sans combat, une armée d'Espagnols qui pouvoit disposer du Pérou et donner la couronne à son chef : telle fut la journée de Xaguisagana.

Gonzale ayant été conduit devant le président, le trouva seul, avec Alphonse d'Alvarado, les autres officiers généraux (presque tous l'avoient trahi), s'étant retirés pour éviter ses regards.

« Eh bien! s'écria la Gasca, en aperce-
» vant son prisonnier, croyez-vous main-
» tenant avoir bien fait de vous révolter
» contre votre empereur, pour usuper le
» gouvernement! » — « J'en ai été légale-
» ment investi, répondit Gonzale avec
» fierté, et je n'ai rien fait, ni ordonné que
» d'après l'avis et la volonté de mes conci-

» toyens. » — « Vous n'avez été qu'un in-
» grat envers votre empereur, répliqua le
» président; vous avez non seulement mé-
» connu ses bienfaits, mais oublié qu'il
» vous avoit tiré de la poussière pour vous
» enrichir et vous élever. » — « Vous in-
» sultez un malheureux dans les fers, s'é-
» cria Gonzale enflammé de colère; sachez
» que les Pizarre sont gentilshommes de-
» puis l'établissement des Goths en Es-
» pagne, et que nul ne peut se vanter de les
» avoir tirés de la poussière. Si nous fûmes
» pauvres, nous cessâmes de l'être par la
» possession de cet Empire, dont le roi
» nous est redevable; nous aurions mieux
» fait, sans doute, de nous l'approprier
» par droit de conquête, puisqu'on ne nous
» a payés que d'ingratitude. Du reste, ce
» n'est qu'à la trahison que vous devez la
» victoire; hâtez-vous donc de me faire
» mourir, et ne m'outragez plus. » — Cet
« homme, s'écria le président indigné,

» n'est pas moins arrogant aujourd'hui » qu'il l'étoit hier; qu'on l'éloigne et qu'on le surveille. »

Gonzale fut commis à la garde de Diego Centeno, ainsi que le fameux Carvajal, qui venoit d'être livré par ses propres soldats. Conduit aussi devant le président, Carvajal garda un silence dédaigneux. Le bruit s'étoit répandu qu'on l'avoit pris, et les soldats accouroient sur son passage pour insulter à son malheur; mais le généreux Centeno, oubliant qu'il avoit été vaincu par celui qui étoit alors son prisonnier, le protégea contre cette soldatesque insolente, qui ne savoit respecter ni sa vieillesse ni ses talens. Centeno fit plus, il se montra supérieur aux railleries de Carvajal qui, même dans les fers, conservoit son caractère. Il le fit conduire dans sa tente, où les soldats et les officiers se rendirent en foule, soit par curiosité, soit pour le braver; mais Carvajal leur parlant avec mépris, les força d'admirer la liberté d'esprit et la fermeté d'ame qu'il conservoit dans les fers.

Jugé le lendemain, il fut condamné à mort, ainsi que Gonzale, d'Acosta et huit autres capitaines du même parti. On conduisit Gonzale sur une mule au lieu de l'exécution; il étoit couvert de ses plus riches habits. Quand il fut sur l'échafaud, il fit aux spectateurs un discours pathétique, dont voici les dernières paroles: « N'oubliez pas, ô mes chers concitoyens! » ce que vous devez à ma famille, ce que » vous me devez à moi-même, qui n'eus » jamais en vue que vos intérêts et votre » bonheur ; faites des vœux pour ma vie » future, et que vos prières, jointes à la » médiation du divin Rédempteur, me fassent obtenir dans le ciel la félicité dont » je n'ai pu jouir sur la terre. » Puis, plaçant sa tête sur un billot, l'exécuteur, d'un seul coup, la sépara de son corps. On l'exposa au gibet de Lima ; sur les débris de sa maison rasée, s'éleva une pyramide, avec ces mots : *Ici fut la maison du traître Gonzale.*

Après son exécution, les Espagnols oublièrent ses fautes : la compassion qu'avoit excitée sa mort, changea la haine en respect. Les conquérans du Pérou se rappelèrent que c'étoit aux Pizarre qu'ils étoient redevables de leurs terres et de leurs richesses, et ils regrettèrent surtout Gonzale. Cet homme avoit, en effet, de brillantes qualités. Infatigable, propre à tous les exercices, et particulièrement au métier des armes, les traits de sa figure étoient nobles comme son caractère. Généreux et sensible, il avoit horreur de la duplicité et du mensonge, et n'employoit jamais ni la ruse ni la politique ; ce fut, dit-on, ce qui le perdit ; car il devient presque toujours aussi nécessaire d'opposer l'adresse que la force à la perversité des hommes. Pieux, soumis à la Providence, jamais Gonzale ne refusa une grace, quand on l'implora au nom du ciel; mais il ne put vaincre sa passion effrénée pour les femmes, et il concilia, selon les idées de son siècle, la religion et la licence des mœurs. Gonzale administra avec sagacité et droiture, quoiqu'il eût peu d'instruction et de lumières; s'il versa quelquefois le sang, on doit moins l'imputer à son caractère qu'à la violence des conseils de Carvajal. Aussi Carvajal eut-il à subir une peine plus infamante; il y apporta cet héroïsme qu'il avoit montré dans tout le cours de sa vie, et ne daignant pas même se justifier, quand on lui lut sa sentence, il répondit froidement : *On ne meurt qu'une fois.* Carvajal finit comme il avoit vécu, ne témoignant ni repentir du passé ni crainte pour l'avenir, se jouant de la vie et de la mort. On le pendit, et son corps, mis ensuite en quartiers, fut exposé sur le chemin de Cusco. Cet homme si extraordinaire, si célèbre dans les révolutions du Pérou, insultoit à la foiblesse, à la lâcheté, et se laissoit désarmer par une saillie. Toujours fidèle à la faction à laquelle il s'étoit attaché, il se montra inexorable envers les traîtres et les transfuges : il en fut le bourreau, et les immola par milliers; aussi sa cruauté passa-t-elle en proverbe; mais jamais on ne le vit perdre le souvenir d'un service ou d'un bienfait. Bon général et même homme d'état, il montra une force de caractère que nul n'égala jamais, et fut, quoique octogénaire, le premier et le plus infatigable soldat du Nouveau Monde.

Cette guerre intestine entre le parti des Pizarre et les royalistes, coûta la vie à sept cents Espagnols tués, les armes à la main, et à près de quatre cents qui périrent dans les supplices, la plupart sans jugement. C'étoit le dixième de la population venue d'Europe; car à peine y avoit-il dix mille Espagnols au Pérou. Leur perfide inconstance, leur corruption et leur rapacité, furent les véritables causes de tant de cruelles divisions. Chacun vouloit acquérir de l'autorité et des richesses. Ce n'étoit point comme mercenaires et pour avoir une solde, que se battoient les aventuriers Espagnols ; c'étoit comme conquérans, pour devenir propriétaires et seigneurs suzerains. L'ardeur de s'emparer des biens d'un ennemi, par la confiscation, empêchoit toute clémence. Il ne pouvoit y avoir, entre des hommes si avides, ni attachement, ni fidélité, nul n'étant plus retenu par la honte et les bienséances, ni par aucun lien honorable. Aussi les vit-on presque tous déserter leur parti, trahir leurs amis intimes et violer leurs engagemens pour assurer leur fortune. Les compagnons, les amis de Gonzale, ceux qui l'avoient entraîné à la révolte, furent les premiers à l'abandonner. Comment la cause de l'indépendance auroit-elle pu triompher avec de tels hommes? Pour être libres, il faut être vertueux. On ne pouvoit pas non plus se flatter de maintenir long-temps l'ordre et la paix avec des hommes si corrompus et si enclins à la guerre civile. Contenter les vainqueurs, contenir les vaincus, étoit difficile : ceux-là vouloient des récompenses et des richesses ; il falloit opposer à ceux-ci des mesures vigoureuses et une police sévère. La Gasca se montra, dans ces circonstances délicates, aussi bon politique qu'habile administrateur. Il éloigna d'abord cette multitude d'aventuriers turbulens dont le Pérou étoit rempli, et qui pouvoient exciter de nouveaux troubles; les uns suivirent Pedro de Valdivia, chargé de poursuivre la conquête du Chili ; d'autres se rangèrent sous les drapeaux de Diego Centeno, qui entreprit la découverte de tout le pays qu'arrose la rivière de la Plata.

La distribution des récompenses offroit plus de difficultés : deux mille royalistes qui avoient fait prévaloir la cause du roi, se croyoient un droit égal au partage des terres et des Indiens, chacun s'appréciant, non d'après ses services ou son mérite réel, mais dans la proportion de sa vanité et de son avarice. Il n'y avoit pourtant que cent cinquante *répartitions* ou lots de terre vacans, soit par la confiscation, soit par la mort des propriétaires. Cette masse de richesses territoriales, dont le revenu s'élevoit à dix millions de livres tournois, enflammoit la cupidité des conquérans espagnols : n'ayant plus rien à prendre aux Indiens, ils auroient voulu pouvoir se dépouiller les uns les autres.

C'est ici surtout que la Gasca fit éclater sa justice et son désintéressement. Ne réservant rien pour lui-même, il destina ces richesses, non pas à être le prix de la bassesse et de la faveur, mais la récompense du mérite et du courage. Pour éviter d'être importuné dans cette opération délicate, il se retira aux environs de Cusco, avec l'archevêque de Lima et un simple secrétaire. Là, dans le silence du cabinet, il employa plusieurs jours à balancer, en présence de l'archevêque, les prétentions, le mérite, les droits de tous ceux qui prétendoient aux récompenses, et il assigna enfin aux Espagnols, dont les titres étoient les mieux appuyés, des terres et des Indiens, en proportion des services qu'ils avoient rendus à l'Etat. Sur les revenus des terres les plus riches, il retint des pensions pour les soldats et les vétérans qui méritoient une retraite ou des récompenses. Quoique l'impartialité et la justice eussent présidé à ce partage, la Gasca prévit qu'il exciteroit de violentes clameurs; pour s'y soustraire, il n'en fit publier l'acte qu'à son arrivée à Lima. L'orgueil, la cupidité et toutes les passions se déchaînèrent en effet contre lui ; tous ceux dont les folles prétentions étoient renversées, l'accusèrent d'ingratitude et d'injustice. Il étoit à craindre que sa prudence et sa fermeté ne pussent détourner le fléau de la guerre civile, dont le Pérou étoit de nouveau menacé. La Gasca parvint cependant à conjurer l'orage, soit avec des ménagemens et des gratifications, soit avec la promesse d'un second partage des terres.

Quand les esprits furent plus calmes, il régla l'administration de la justice, et introduisit l'ordre, la simplicité dans la perception des revenus publics; il publia aussi divers réglemens pour garantir les Indiens de l'oppression, et pour fixer invariablement les tributs qu'ils devoient à la cour de Madrid. Sa mission accomplie, la Gasca remit le gouvernement du Pérou à l'audience royale, et retourna en Espagne, porter au pied du trône ses pouvoirs illimités, avec quinze cent mille piastres, fruit de ses économies et des épargnes de son administration. Charles-Quint le reçut avec distinction, et lui conféra l'évêché de Palencia. La Gasca y finit ses jours dans la retraite et le repos, honoré de son souverain, chéri et respecté de ses compatriotes. Tel fut ce vertueux ecclésiastique. Chargé d'une dictature imposante, sans argent, sans flotte, sans troupes, il se montra politique habile, guerrier intelligent, administrateur intègre; il triompha d'un capitaine que la fortune avoit toujours favorisé, et appaisant une terrible révolte, il rétablit l'empire des lois et l'autorité de son souverain. Distributeur de vastes possessions et d'immenses richesses, il resta pauvre et mourut ignoré. Si l'histoire n'a point assez répété, ni élevé son nom, c'est que le souvenir des vertus modestes jette bien moins d'éclat que la renommée des perturbateurs du monde, et que le crime heureux l'emporte même dans la mémoire des hommes.

A peine le président fut-il hors du Pérou, que les juges de l'audience de Lima publièrent l'édit relatif à la liberté des Indiens. Cet édit ayant donné lieu à la guerre civile, on avoit sursis à son exécution, sans l'abroger. Il étoit d'ailleurs en opposition avec les intérêts des conquérans espagnols, qui, déçus la plupart dans leurs espérances d'ambition et de richesses, n'attendoient qu'un prétexte pour reprendre les armes. L'arrivée du vice-roi, don Antonio de Mendoza, empêcha les mécontens d'éclater; ils n'avoient encore ni plan fixe, ni chefs; mais la mort prématurée du vice-roi les disposa de nouveau à la révolte. Les juges de l'audience royale rétablirent imprudemment les lois en faveur des Indiens, et bientôt on vit les Espagnols s'agiter, s'attrouper en tumulte, et se réunir aux soldats réformés, qui tous ne respiroient que la guerre. Ils assassinent d'abord Hinoïosa, qui avoit trahi les intérêts de Gonzale, puis ils nomment à sa place Don Sébastien de Castille, l'Espagnol

le plus populaire de sa province. Sébastien est égorgé à son tour, et Blasco Godinez nommé gouverneur à sa place. Tout le haut Pérou, vers Cusco, se trouve alors soumis au gouvernement militaire, et l'on voit les conquérans espagnols élever et massacrer tour-à-tour leurs chefs, à l'exemple des Romains du temps de leurs empereurs. Dans l'impuissance de réduire Godinez par la force des armes, la cour royale de Lima employa l'artifice. Elle le nomma général des troupes, et le fit ensuite assassiner par Alphonse d'Alvarado, que Godinez avoit reçu comme ami. Ses nombreux complices furent recherchés et punis cruellement : les exécutions se multiplièrent. Poussés au désespoir, les Espagnols exhalèrent leur indignation contre la barbarie de la cour d'audience. « Nul, dirent-ils,
» n'est donc plus en sûreté; car les mêmes
» lois qui atteignent les partisans de Sébas-
» tien de Castille et de Godinez, s'étendent
» aussi à tous ceux qui ont été engagés dans

» les factions d'Almagro et de Pizarre ?
» C'est une proscription générale ! Com-
» ment s'y soustraire, si ce n'est en repre-
» nant les armes ? N'est-il pas préférable,
» en effet, de mourir glorieusement sur le
» champ de bataille, que de périr honteu-
» sement sur un échafaud » ! Les mécontens trouvèrent bientôt un chef. Hernandez Giron, déjà désigné par eux en secret,
étoit riche, puissant et honoré ; il avoit fait
d'ailleurs toutes les guerres du Pérou. Sûr
d'être secondé, il met d'abord en arrestation le gouverneur de Cusco, s'empare de
l'autorité, défait un détachement de l'armée royale, remporte ensuite une victoire
complète et ne sait point en profiter. Attaqué à son tour, il est défait, pris et mis à
mort. Hernandez s'étoit distingué par des
actions qui l'auroient couvert de gloire, s'il
n'avoit pas succombé. Cette insurrection
fut la dernière fomentée par les conquérans.

Charles-Quint n'étoit plus ; il emportoit

avec lui la puissance et la gloire de la monarchie espagnole. Le sombre Philippe II, qui lui succéda sans hériter de son génie, envoya au Pérou le marquis de Canetta, pour succéder à don Antonio de Mendoza. Le nouveau vice-roi voulant extirper les germes de la révolte, voua au supplice presque tous les premiers conquérans qui avoient suivi Pizarre; Almagro, Sébastien de Castille, Godinez et Giron. Ceux qui évitèrent la mort, furent ou bannis, ou faits prisonniers, et dépouillés de leurs biens. Ainsi, ce fut un Espagnol, qui, pour rétablir et affermir l'autorité royale au Pérou, proscrivit ses compatriotes, fit ruisseler leur sang, et vengea les Péruviens. Il porta bientôt son attention sur ces derniers, et particulièrement sur les princes Incas, ou enfans du Soleil, qui avoient survécu à la perte de leur empire. Forcé de les perdre de vue dans le cours de cet ouvrage, pour ne plus m'occuper que des querelles sanglantes des Espagnols, je vais rendre compte maintenant de la mort de Manco Inca, et de la fin déplorable de ses derniers héritiers.

On a vu, à la fin du quatrième livre de cette Histoire, comment ce prince, par un exil volontaire, étoit parvenu à se dérober aux usurpateurs de son empire. Oublié dans les hautes vallées de Vilcapampa, ni la mort de François Pizarre, ni la défaite du parti d'Almagro, ne lui avoient donné l'espoir de remonter sur son trône: Quoique les conquérans fussent divisés, les Péruviens n'en restoient pas moins asservis. En proclamant leur liberté au nom de la cour d'Espagne, le vice-roi Nugnez s'étoit attiré la haine des Espagnols. Du fond de sa retraite, Manco lui avoit envoyé des ambassadeurs, et en avoit reçu l'invitation de se joindre à lui, pour faire triompher une cause qui étoit celle des Péruviens. Ce prince s'étoit flatté que le vice-roi lui rendroit une partie de son empire ; mais il perdit la vie avant d'avoir pu rassembler une armée, pour seconder les desseins de Nugnez. Voici comment les historiens rapportent les circonstances de sa mort. Le généreux Manco avoit donné asile à huit Espagnols proscrits par le parti des Pizarre. Il les admettoit dans son intimité. Un jour, l'un d'eux, nommé Gomez Perez, oubliant tout ce qu'il devoit à ce prince, l'insulta grossièrement à la suite d'une querelle de jeu ; Manco repoussa vivement Gomez, qui, dans un accès de fureur, lui jeta une boule à la tête avec tant de violence, qu'il le renversa mort sur la place. Les Péruviens qui étoient présens, fondirent sur Gomez, le mirent en pièces, tuèrent les sept autres Espagnols à coups de flèches, comme des bêtes sauvages, et brûlèrent ensuite leurs corps, dont ils dispersèrent les cendres. Ainsi mourut Manco Inca. Son exil volontaire, les hautes montagnes qui lui servoient d'asile, les propositions de Nugnez, sembloient l'appeler à des destinées dignes de son origine, lorsqu'il perdit la vie par les mains d'un ingrat qu'il avoit sauvé; ainsi le descendant des généreux Incas trouva la mort dans l'exercice d'une vertu.

Ce prince laissa deux fils, qui furent élevés par des tuteurs et des capitaines péruviens, dans cette même retraite de Vilcapampa, devenue tout-à-fait inaccessible. L'aîné, connu sous le nom de Sairi-Tupac, parvint presque à sa majorité, sans avoir été troublé ni inquiété par les Espagnols, grace à leurs divisions intestines; mais dès qu'ils connurent l'existence de ce jeune prince, que les Péruviens regardoient comme le légitime héritier de l'Empire du Pérou, ils s'en alarmèrent. Le marquis de Canetta, qui avoit tout fait rentrer dans l'ordre, forma le projet d'attirer l'Inca hors de sa retraite, pour le tenir sous sa dépendance. Le vice-roi mit dans ses intérêts Dona Beatrix Coya, tante de Sairi, auquel il fit offrir son amitié et des subsides, pour entretenir sa maison d'une manière conforme à son rang. Ce ne fut qu'après beaucoup de difficultés, que les envoyés du vice-roi furent admis devant les conseillers et les tuteurs de l'Inca. Les premières conférences furent inutiles; mais la princesse Beatrix se transporta elle-même à Vilcapampa, dans le dessein de conduire et de terminer la négociation : elle assura que la proposition faite par le marquis de Canetta, s'accordoit, et avec sa politique, et avec les principes qu'il avoit adoptés, pour unir les Indiens et les Espagnols, en confondant les intérêts des deux nations. Après de vifs débats, on fit un acte, par lequel l'Inca consentoit à quitter les montagnes pour aller vivre parmi les Espagnols, à condition qu'il auroit un établissement honorable dans la jurisdiction de Cusco. On lui assigna des terres, des Indiens et une pension considérable. L'Inca sortit de sa retraite, et fut saluer le vice-roi, qui le reçut en pompe dans son palais. Quand l'archevêque de Lima lui remit l'acte de son établissement, écrit sur un papier doré, le prince voulant faire connoître qu'il regardoit ce don comme au-dessous de lui, arracha un peu de frange d'un tapis de velours qui couvroit la table, et s'écria : « Cette table, ce tapis, cette frange m'ap- » partenoient, il n'y a pas long-temps, et » aujourd'hui les Espagnols ne me donnent » que ce brin de soie pour soutenir ma di- » gnité, ma maison, mes amis et ma fa- » mille. »

La réconciliation de l'Inca avec le gouvernement espagnol, tenoit à une grande vue politique, mais qui appartenoit malheureusement à un vice-roi amovible. Le marquis de Canetta fut rappelé en Espagne, et son successeur don François de Tolède, renouvela bientôt la persécution contre les Incas, soit que, par orgueil, il voulût détruire tout ce que son prédécesseur avoit fait de bien, soit plutôt qu'il fût dans son caractère d'être persécuteur. Il est certain que le prince Sairi-Tupac mourut peu de temps après d'une mort violente et inopinée. Le gouvernement espagnol se trouva ainsi déchargé de son entretien, et n'eut plus à craindre qu'un jour il pût revendiquer ses droits.

Cependant le vice-roi ne tarda point à découvrir que l'Inca laissoit un frère qui tenoit aussi sa cour à Vilcapampa. Ce jeune prince se nommoit Tupac Amaru, et sembloit déterminé à tout entreprendre pour ne pas tomber sous le joug des conquérans du Pérou. François de Tolède se hâta de lui faire offrir le même établissement dont avoit joui son frère, à condition que, venant vivre parmi les Espagnols, il reconnoîtroit la juridiction du roi d'Espagne;

mais les tuteurs et les conseillers du jeune prince l'exhortèrent à ne point confier sa liberté et sa vie à des maîtres perfides, dont la fausse générosité masquoit l'ambition et l'avarice. « Conservez, lui dirent-ils, toute » votre indépendance, jusqu'à ce que vous » trouviez l'occasion de faire valoir vos » droits, et défiez-vous surtout de ces » hommes cruels et avides, pour qui rien » au monde n'est sacré. N'êtes-vous pas » effrayé, comme nous, de la mort violente » et suspecte de l'infortuné Saïri, votre frère ? » Et ne vaut-il pas mieux vivre dans les dé- » serts, parmi les tigres et les lions, que de » mourir entre les mains d'ennemis cent » fois plus féroces ? »

Le refus de l'Inca irrita les Espagnols, qui, redoutant d'ailleurs les troubles auxquels pouvoient donner lieu ses prétentions, lui déclarèrent la guerre. Le vice-roi leva des troupes et en donna le commandement à Garcia de Loyola, qui marcha incontinent aux montagnes de Vilcapampa, pour se saisir de l'Inca et de sa cour. Attaqué, pressé par les Espagnols, Amaru se retira d'abord vingt lieues plus loin, dans un pays sauvage, avec les princes et princesses de son sang; et un petit nombre de Péruviens fidèles; mais toujours poursuivi, resserré de plus en plus par les Espagnols, n'ayant d'ailleurs ni soldats, ni armes, ni vivres, ni même de vêtemens, il désespéra de se soustraire, soit par la force, soit par la fuite, à l'acharnement de ses ennemis. Dans cette dure extrémité, il se remit entre les mains de Loyola, persuadé que le vice-roi auroit pitié d'un prince malheureux, presque nu et exténué par la fatigue et la faim. Maître de l'Inca et de sa suite, les Espagnols entrèrent à Cusco comme en triomphe. Ils y trouvèrent le vice-roi, qui se montrant terrible contre Amaru le fit accuser de trahison et d'avoir conspiré pour chasser les Espagnols du

Pérou, afin de remonter sur le trône. L'Inca fut mis aux fers; ses parens, ses amis, enveloppés dans la même proscription, furent étroitement resserrés; on leur arrachoit par la torture, l'aveu d'un crime imaginaire. Ceux qui échappèrent aux tourmens et à la mort, furent relégués à Lima, où ils périrent de fatigue, de faim ou de maladie. Cette odieuse persécution s'étendit sur tout ce qui étoit du sang des Incas.

On condamna Tupac Amaru à perdre la tête sur un échafaud. En apprenant le sort qui l'attendoit, ce malheureux prince s'écria : « Quel est donc mon crime ? Qu'ai-je
» fait pour mériter un traitement si bar-
» bare ? Hélas, étois-je dans le cas d'ins-
» pirer aucune crainte ? Si mes ancêtres,
» avec une armée de deux cent mille Pé-
» ruviens, n'ont pu résister à deux cents
» Espagnols, comment, aujourd'hui qu'ils
» sont, et plus nombreux, et répandus dans

» toutes les provinces de l'Empire, aurois-je
» pu les chasser, n'ayant avec moi que des
» femmes, des enfans et quelques amis ?
» Me serois-je rendu, si j'eusse été cou-
» pable ? Fort de mon innocence, je m'at-
» tendois à jouir de l'établissement hono-
» rable promis d'abord à mon frère aîné.
» Vain espoir! confiance imprudente! tout
» ce qui m'est uni par les liens de l'amitié
» ou du sang, est proscrit, livré aux bour-
» reaux! Voué moi-même au supplice qu'on
» réserve aux criminels, il ne me reste que
» mon innocence. J'en appelle au roi d'Es-
» pagne, de la sentence de son vice-roi!
» L'avois-je offensé? Non! c'est moi qu'il
» offense, c'est moi qu'il veut immoler; les
» dieux ne laisseront pas cette horrible in-
» justice impunie, et le remords, au moins,
» déchirera bientôt le cœur du tyran. » Cette
prédiction ne tarda point à se vérifier.

Les plaintes touchantes de l'infortuné
Amaru arrachèrent des larmes à tous ceux

qui purent l'entendre. Les Espagnols eux-mêmes demandèrent sa grace, exhortant François de Tolède à ne point souiller son administration par le meurtre d'un prince privé de son héritage, et qui méritoit plutôt sa compassion que sa colère. Le vice-roi fut inexorable, et ordonna le supplice d'Amaru. On dressa un échafaud sur la place publique. Le prince, au sortir de sa prison, monta sur une mule; il avoit la corde au col et les mains liées. Les Indiens, qui accouroient de toutes parts, le suivoient en silence, l'œil morne, le désespoir dans l'ame : ils se pressoient en foule et couvroient déjà toute la place de Cusco. Le crieur public marchoit devant l'Inca, prononçant à haute voix l'arrêt de sa mort, comme rebelle au roi d'Espagne. Le prince approchoit, et, s'étant fait expliquer les paroles du crieur, il se tourna de son côté, et lui dit avec indignation : « Que ne publies-tu, au contraire, dans le

» monde entier, que je suis faussement ac-
» cusé, et que je meurs innocent, parce
» que telle est la volonté d'un vice-roi des-
» pote. » Il monte ensuite avec fermeté sur
l'échafaud, et le bourreau tire le coutelas
qui va lui ôter la vie. A cette vue, les
Indiens, qui couvroient la place, les fe-
nêtres, les terrasses, les toits, poussent des
cris perçans et des gémissemens lugubres.
« C'est nous, s'écrie une foule de Péru-
» viennes éplorées, c'est nous qui sommes
» les vrais coupables, car nous avons trahi
» nos Incas pour l'amour des Espagnols !
» Que le grand Pachacamac nous punisse,
» mais qu'il sauve cette intéressante vic-
» time ! » Ces cris, ces gémissemens, ce
tumulte, faisoient craindre une révolte;
l'exécuteur hésitoit. Les prêtres espagnols
qui assistoient le prince, l'exhortèrent à
imposer silence aux Péruviens. Un signe
de l'Inca suffit, et cette multitude, tout à
l'heure gémissante et agitée, reste tout-à-

coup muette et dans une morne consternation. Placé sur un balcon, avec toute sa cour, le vice-roi, étonné de l'obéissance des Péruviens pour leur prince au dernier moment de sa vie, ne craint plus que sa victime lui échappe, et semble savourer le spectacle de sa mort. Bientôt, en effet, l'infortuné Amaru livre sa tête à l'exécuteur, qui la lui abat d'un seul coup. L'air retentit aussitôt des cris lamentables des Péruviens et des gémissemens des Espagnols eux-mêmes : l'indignation fut universelle dans l'Ancien comme dans le Nouveau Monde.

Ainsi s'éteignit la race des Incas, qui avoit régné pendant quatre cents ans au Pérou : leurs sujets perdirent à jamais l'espoir de recouvrer leur indépendance, mais au moins furent-ils vengés. L'histoire atteste que presque tous les conquérans du Pérou et les oppresseurs des Incas périrent misérablement. Garcia de Loyola, qui avoit arrêté Amaru, obtint le gouvernement du Chili, et y fut massacré par des vassaux du prince qu'il avoit fait prisonnier. Comblé de prospérités et de richesses, François de Tolède, rappelé en Espagne, se présente à la cour de Philippe II, croyant toucher aux plus hautes dignités de la couronne, mais Philippe lui lance un coup-d'œil foudroyant : « Retirez-vous, lui dit-il; » je ne vous avois pas envoyé au Pérou » pour tuer les rois, mais pour les servir. » Atterré par ce reproche du monarque, accusé de malversations, le vice-roi fut dépouillé de ses biens et jeté dans une prison, où il mourut accablé de chagrins et de remords.

LIVRE XI

Situation actuelle du Pérou. — Conclusion.

Malgré la juste punition de François de Tolède, les Péruviens n'en restèrent pas moins sous le joug de l'Espagne, et, bientôt découragés, ils s'abandonnèrent à une indifférence stupide, car le despotisme ramène à l'abrutissement. Lorsque l'excès de la servitude eut étouffé en eux tout sentiment d'énergie et d'élévation, ils se traînèrent au dernier rang de l'espèce humaine, dans un pays qui, jadis, avoit appartenu tout entier à leurs ancêtres. Cependant, leur condition fut insensiblement adoucie par le triomphe des maximes qu'avoient proclamées quelques esprits précurseurs de la raison et des lumières. La philosophie du dernier siècle n'a point à s'en glorifier, ayant été devancée dans les Indes espagnoles par la bienfaisante Isabelle et le vertueux Las Casas : dès les premiers temps de la découverte, ils firent prévaloir les principes de la religion qui leur inspira de si nobles efforts. C'est ce que je me propose de développer un jour, quand, appuyé sur des faits positifs, je traiterai des révolutions si peu connues de cette île célèbre, surnommée la reine des Antilles. Mais la cour de Madrid ne fit revivre ces maximes de modération et d'humanité, que pour soustraire les Péruviens à l'assujétissement arbitraire et vexatoire des conquérans espagnols et de leurs descendans; elle abolit les *Répartitions* ou Commanderies féodales, voulant que ces peuples ne dépendissent plus que de la couronne. Tous les Indiens qu'on n'avoit pas fixés dans le sein des villes, furent réunis dans des bourgades, qu'on leur interdit de quitter; ils purent y former des assemblées municipales, présidées par un cacique. Voués alors à un travail plus régulier et limité, employés tour-à-tour à l'exploitation des mines, aux travaux publics, ils cultivèrent aussi un territoire plus ou moins étendu, dont le produit leur étoit assigné. Chaque Indien mâle paya au gouvernement une taxe, dont une portion fut attribuée au cacique administrateur, et une autre mise en réserve, pour subvenir aux besoins imprévus. Telle est, depuis près d'un siècle, la condition des Péruviens. Dépouillés de leurs richesses, exclus des emplois et des honneurs, pour lesquels ils se montrent d'ailleurs insensibles, tous naissent et meurent serfs de la couronne d'Espagne; mais la haine qu'ils ont vouée à leurs vainqueurs, semble survivre à la durée des temps. Deux fois, dans le dernier siècle, le sentiment de l'oppression et la soif de la vengeance, ont fait sortir ce malheureux peuple de l'engourdissement où il s'étoit condamné lui-même; deux fois il a tenté de briser ses fers ; d'abord en 1742; puis, quarante ans après. On le vit, à ces deux époques, courir aux armes pour se ranger sous l'étendard de chefs indiens hardis et courageux. L'un, se disant de la race des Enfans du Soleil, se fit proclamer Inca, et fut défait aussitôt. Le célèbre Tupacamaro parut ensuite, et, par sa valeur et son audace, il ébranla toute la puissance espagnole au Pérou. A sa voix, plus de cent mille Péruviens, armés et réunis, crurent toucher au moment de recouvrer leur religion, leurs lois, leur gouvernement, et surtout leur indépendance. Vain espoir! comme au premier temps de la conquête, ils succombèrent sous la discipline et l'habileté d'un petit nombre d'Espagnols; ils s'étoient, d'ailleurs, montrés cruels ; et, n'ayant aucun plan fixe, ils avoient vu diminuer chaque jour le nombre de leurs partisans. Ce ne fut néanmoins que par des mesures sanglantes et le supplice de l'intrépide Tupacamaro, que l'insurrection fut entièrement étouffée. Cependant, malgré tant de défaites, la race des indigènes est encore la plus nombreuse au Pérou; mais sévèrement contenue, elle semble aujourd'hui dans l'impuissance de rien entreprendre.

Les descendans de ces fiers Espagnols qui renversèrent le trône des Incas, sont désignés sous le nom de Créoles. Exclus eux-mêmes des emplois du gouvernement, qui redoute, en eux, l'esprit d'indépendance qu'ils tiennent de leurs ancêtres, la cour de Madrid ne leur accorde que de vains honneurs, que des titres inutiles, et le privilège d'user de leurs richesses. C'est dans les majorats ou substitutions perpétuelles, que leur ont transmis les premiers conquérans, et souvent dans les spéculations du commerce, qu'ils trouvent de quoi suffire à leurs profusions. Découragés par le sentiment de leur nullité politique, ils trouvent dans l'oisiveté une sorte de compensation; ils fuient même toute union légitime, pour rendre une espèce de culte à des courtisanes, à la vérité pleines de charmes, dont les graces naturelles sont relevées par l'élégance, la richesse des vêtemens, et par le rafinement de toutes les voluptés; ces femmes, si séduisantes, ont un grand attrait pour la musique et la danse; aussi Lima retentit sans cesse de chansons érotiques, de concerts harmonieux; on y respire un air embaumé; tous les sens y sont flattés à-la-fois, comme jadis dans la molle Ionie, dans les murs fortunés de Corinthe et de Syracuse.

Ces mêmes Espagnols croient cependant pouvoir concilier la religion avec les plaisirs, et s'imaginent expier leur vie licencieuse par des legs pieux et des largesses; de sorte que presque tous les biens fonds au Pérou, appartiennent à l'église ou lui doivent des redevances; les temples et les couvens destinés à l'un et à l'autre sexe, s'y sont multipliés, et le célibat, devenant une passion, il a fallu que le gouvernement fît des réglemens nouveaux pour en arrêter l'abus; ainsi, la race des conquérans espagnols végète, sans considération et sans pouvoir.

C'est dans les *Chapetons* ou Régnicoles, nés en Espagne, que réside toute l'autorité. Ils accourent au Pérou, dans la seule vue de s'enrichir, et s'empressent ensuite de retourner dans leur patrie, pour y étaler les dépouilles de l'Amérique. Eux seuls dirigent les ressorts de l'administration et participent au gouvernement de la colonie. Fiers de jouir de toutes les faveurs, les *Chapetons* accablent les Créoles d'indifférence et de refus ; aussi ces deux classes se vouent réciproquement une haine implacable. La supériorité que s'arrogent les Chapetons sur les Créoles, ces derniers l'affectent à l'égard des Métis, race provenant d'un Européen avec une Indienne : ceux-ci très-nombreux, s'adonnent aux arts mécaniques et aux détails du commerce.

Les Nègres africains ont aussi peuplé le Pérou. Ils y furent introduits comme dans les autres possessions espagnoles, pour remplir le vide occasionné par la diminution de la race indigène; ils sont, d'ailleurs, plus propres aux travaux et aux cultures difficiles. Admis dans la domesticité des maisons opulentes, ils deviennent les confidens de leurs maîtres, les ministres de leurs plaisirs secrets et de leurs intrigues; et, pour prix de ces honteux services, ils obtiennent enfin la liberté. Loin d'être les ennemis des blancs, comme dans les Antilles, les noirs d'Afrique, pouvant devenir leurs égaux, en sont les défenseurs au Pérou. En se mêlant tantôt au sang des indigènes, tantôt au sang d'Europe, ils ont donné la race des mulâtres, qui est aussi nombreuse que celle des Métis et plus vigoureuse encore. En général, chaque classe opprime la race qui lui est inférieure, et la dernière (celle des Indiens) est écrasée sous le poids de toutes les autres. La cour de Madrid, toujours persuadée qu'il faut diviser pour régner, nourrit et fomente ces aversions mutuelles.

A peine les différentes races qui peuplent le Pérou, s'élèvent à trois millions d'ames, foible population, eu égard à celle des Etats d'Europe; mais sa foiblesse même, sa variété, ses mélanges, en divisant son influence et ses forces, ont rassuré jusqu'ici la Métropole contre tout projet d'indépendance et de séparation.

Ainsi, les Espagnols, avec d'autres mœurs, d'autres lois, une autre religion, règnent en despotes dans cet Empire, où, pendant quatre cents ans, les vertueux Incas firent le bonheur des Péruviens.

D'après une dernière démarcation, les possessions de l'Amérique espagnole méridionale sont divisées en trois grandes vice-royautés : la Nouvelle Grenade, Lima et Buenos-Ayres. Le royaume de Quito, détaché du Pérou, fait maintenant partie de la vice-royauté de la Nouvelle Grenade.

A l'exception de la province de Charcas, tout l'ancien Pérou se trouve compris dans la vice-royauté de Lima, de même que la province de San-Yago, qui appartenoit jadis au Chili. Les parties détachées du Pérou propre, ont été réunies à la vice-royauté de Buenos-Ayres ou de la Plata, aujourd'hui si importante ; elle confine avec le Pérou par d'immenses déserts, et y communique au moyen de routes directes. Ainsi, ce que le Pérou a perdu au nord par la séparation du royaume de Quito (vallon délicieux qu'environne une double chaîne de montagnes) il l'a regagné au sud par la réunion d'une partie du Chili, région plus admirable encore, puisqu'elle offre le sol le plus fertile et le plus heureux climat de la terre. Le Pérou, depuis la conquête, a donc entièrement changé de face; plus de cinquante villes espagnoles y ont été successivement élevées; mais trop dispersées sur ce vaste Empire, elles laissent entr'elles de trop longs intervalles, et ne sont point liées par de communs intérêts; d'ailleurs, la plupart de ces établissemens sont situés dans des territoires infertiles, la soif de l'or n'ayant eu égard ni aux températures, ni aux productions, ni même à la sûreté; aussi les a-t-on vu s'élever, fleurir et tomber, suivant la découverte, la richesse et l'épuisement des mines. Plus qu'aucun autre lieu de la terre, le Pérou renferme des métaux précieux; quand une mine est épuisée, on en découvre une autre; les rivières même roulent de l'or. Pressés de jouir, les premiers conquérans, unis par l'appât du gain, n'exploitèrent que les métaux, et dédaignèrent la culture. On ne vouloit que de l'or au Pérou, et cette pernicieuse illusion des particuliers devint aussi l'erreur du gouvernement espagnol, qui préféra aux produits solides et durables de l'agriculture et de l'industrie, des trésors de convention, dont l'abondance progressive diminue chaque jour la valeur. Tout cet or du Pérou n'est pas envoyé dans les caisses royales de la métropole; une grande partie est employée dans la colonie même pour les dépenses de souveraineté; le reste, en cas de guerre maritime, tombe souvent au pouvoir de la puissance qui est maîtresse des mers.

A l'exception de Lima et de l'ancienne capitale, qui s'est maintenue florissante, peu d'autres villes du Pérou sont industrieuses; Lima d'ailleurs a été le théâtre d'affreux désastres. Ce n'est qu'après avoir vu ses murailles renversées qu'elle a enfin remplacé ses édifices d'Europe, par des constructions indiennes. La légèreté de ces habitations, à un seul étage, faites de terre et de roseaux et sans fondemens, se plie en quelque sorte aux ébranlemens de la terre qui se renouvellent au Pérou d'une manière si terrible.

Les ornemens de l'art dérobent à la vue l'imperfection de ces édifices, de sorte que Lima unit à la singularité, à la richesse d'une ville indienne, une partie de la régularité des belles cités d'Europe : ce mélange même la rend surprenante. Centre de toutes les affaires du Pérou, ses relations avec le Mexique, le Chili et la métropole en font une des plus brillantes capitales de l'Univers. Elle est la résidence du vice-roi, qui s'environne de toute la pompe des monarques d'Europe, et qui jouit même de plusieurs de leurs prérogatives, sans en avoir l'autorité. La sienne est bornée par les cours de justice ou audiences royales qui prononcent définitivement en matières criminelles ; elles ont aussi le droit de faire des remontrances à tous les dépositaires du pouvoir. Le vice-roi du Pérou n'a pas même à sa disposition les trésors de la colonie, qui sont confiés à des officiers particuliers. Les milices sont si peu nombreuses, qu'à peine elles suffisent aujourd'hui pour contenir les peuplades indiennes non soumises, et récemment il a été publié en Europe que le Pérou n'avoit qu'onze mille hommes de troupes réglées, pour sa défense. Sa marine est presque nulle, ses immenses côtes n'étant gardées et surveillées que par quelques corvettes.

Quand la vice-royauté est vacante, l'audience royale établie à Lima jouit de la prérogative d'en remplir les fonctions, ce qui lui donne la prépondérance sur les autres cours de justice : Elles sont toutes divisées en corrégidoreries ou arrondissemens judiciaires et administratifs. Dans l'ordre militaire, on distingue des capitaineries générales, des gouverneurs et des commandans subalternes.

La conduite du vice-roi est soumise, comme celle de tous les agens de l'autorité, à l'examen et à la censure du conseil des Indes, tribunal érigé à Madrid, pour régir toutes les possessions du Nouveau Monde, sous la présidence du ministre des Indes et l'inspection du monarque. Ainsi les affaires du Pérou dépendent, en dernier ressort, de ce tribunal suprême.

Une telle division des pouvoirs et tant de rouages divers empêchent sans doute que l'ancien empire des Incas ne jouisse du bonheur et de la prospérité qui seroit le fruit d'une administration ferme et réparatrice ; mais d'un autre côté la métropole doit à l'opposition de tant d'intérêts différens et à des formes si compliquées, le maintien de sa dominaton sur une colonie trop éloignée, trop puissante pour être longtems retenue dans une dépendance qui ne lui est, dit-on, ni nécessaire ni profitable.

On en pourra juger peut-être, en remontant aux relations établies entre le gouvernement espagnol et cette riche possession, et en révélant les desseins ambitieux formés contre elle par les usurpateurs insulaires de la navigation des deux Indes.

Entrons dans ce double examen.

Toutes les productions et les richesses que les conquérans du Pérou destinoient à la Métropole, étoient transportées, dans l'origine, à Panama et ensuite à Porto-Bello, de l'autre côté de l'isthme qui sépare les deux mers. Là, on les échangeoit contre des objets de nécessité, d'agrément et de luxe, arrivés d'Europe sur les galions ou flotilles espagnoles. Ces navires portoient exclusivement les marchandises utiles à la colonie, et reportoient chaque année son or en Espagne. Les possesseurs des mines du Pérou, donnoient leurs métaux en échange des produits de l'industrie européenne, de sorte que les cargaisons d'Europe absorboient toujours, par les combinaisons du fisc, tous les trésors de la Colonie.

Mais au milieu du dix-septième siècle, l'Angleterre qui arrivoit par degré à la domination des mers, interrompit le cours de ces échanges lucratifs au moyen du commerce interlope ou de contrebande.

Bientôt la guerre générale qu'alluma l'élévation d'un petit-fils de Louis XIV sur le trône de Charles-Quint, livra l'Océan du Sud à la concurrence des armateurs anglais et français ; ils s'attaquèrent réciproquement et combattirent bien moins en vue de la succession d'Espagne, que pour s'arracher les dépouilles du Pérou. Le traité d'Utrech mit un terme à ces querelles sanglantes, et le gouvernement Britannique y fit stipuler en sa faveur le privilége de pourvoir le Pérou d'esclaves Africains. Les spéculateurs de

Londres en profitèrent pour étendre le commerce interlope, dont l'activité porta le dernier coup aux échanges entre l'Espagne et sa colonie. Les entrepôts de Panama et de Porto-Bello déchurent, et les galions abandonnant les parages de l'Isthme prirent la route peu sûre du détroit de Magellan.

Ce fut seulement dans les premières années du dernier siècle que la cour de Madrid prit des mesures pour écarter les étrangers des mers du Pérou; elle établit avec plus de rigueur encore le système exclusif qui tend à s'assurer de toutes les productions des Colonies et de leur approvisionnement. L'Espagne, par ce monopole, crut jouir seule de tous les profits d'un si riche commerce. Ainsi pendant près de trois siècles cette riche Colonie a gémi sous un régime désastreux qui assujétissoit tous les échanges à des droits exorbitans. L'avidité des monopoleurs amena la pénurie, la cherté de tous les objets nécessaires à la vie; et l'Espagne arrêta jusqu'au progrès de l'agriculture, tant elle sembloit craindre que les Colons ne trouvassent dans leur propre sol de quoi se suffire à eux-mêmes. Toute liaison étrangère fut défendue sous des peines capitales, et l'on vit alors l'accès de la moitié du monde fermé à l'autre moitié. Jusqu'à la fin du dernier siècle, les différentes colonies espagnoles furent même sans aucuns rapports entr'elles; et depuis, si la métropole a un peu adouci la sévérité de ses réglemens, les nations maritimes ont continué d'être exclues et écartées du Pérou sans nulle participation à son commerce.

Mais que peuvent les prohibitions contre la cupidité qu'elles irritent encore ? l'extrême différence entre le prix naturel et celui du monopole offroit à l'interlope tant de chances de profits, que pour les obtenir on brava toutes les craintes.

Amis et ennemis trafiquèrent en fraude, sous le nom même des Espagnols, si justement vantés par leur bonne foi dans les transactions.

La Grande Bretagne se montra toujours la plus ardente à ce commerce illicite ; ses navigateurs s'ouvrirent des routes nouvelles, pour introduire les marchandises anglaises sur les vastes côtes du Pérou, emportant de l'or en échange et opposant à la fidélité des douaniers et des soldats, tantôt la corruption, tantôt l'appareil de la force.

Liée avec le Brésil qui se croit intéressé à l'abaissement de l'Espagne, l'Angleterre projeta, non seulement d'envahir tout le commerce de l'Amérique méridionale, mais encore de tenter la conquête du Pérou.

En conséquence, vers le milieu du dernier siècle, elle déclara la guerre aux Espagnols. L'amiral Anson fut l'ame de cette grande entreprise. Peut-être auroit-il pris Lima sans les malheurs qu'éprouva son escadre en doublant le cap de Horn. Selon cet illustre marin, un ennemi audacieux pouvoit avoir autant d'avantage sur les Espagnols dégénérés, que leurs ancêtres en avoient eu eux-mêmes sur les Péruviens.

L'Angleterre modifiant, depuis, ce plan trop gigantesque, résolut de s'emparer de la Vera-Crux et de s'y fortifier. Maîtresse de cette position importante, elle eût proposé, au Mexique et au Pérou, non pas un joug étranger pour lequel ces deux possessions montrent de l'éloignement, mais de se détacher de leur métropole; exigeant, pour soutenir leur indépendance, l'abandon d'un commerce moins onéreux que les lois prohibitives dictées par l'Espagne. Ouvert aux Anglais, le Continent de l'amérique méridionale se seroit, par ses relations, rapproché de l'Europe.

Mais alors, un système général de politique garantissoit à la cour de Madrid toutes ses possessions, et arrêtoit le cabinet de Londres par la crainte d'une ligue redoutable. Un célèbre ministre d'état, Robert Walpole, s'éleva lui-même dans le parlement britannique contre les projets ambitieux de sa nation. Il soutint que la conservation de la monarchie espagnole en Amérique et sans démembrement, faisoit partie, depuis un siècle, du système politique de toutes les puissances européennes, et assuroit, à chacune d'elles, un avantage commun. « Toutes les nations » commerçantes, ajouta Walpole, n'ont-» elles pas dans les flotilles ou galions, une » plus grande portion de richesses métal-» liques que l'Espagne elle-même, et cette » péninsule est-elle autre chose que le » canal par lequel tous ces trésors passent

» dans le reste de l'Europe ? Si nous cher-
» chions à nous en emparer exclusivement,
» l'Europe indignée se soulèveroit contre
» nous, et la possession de quelques lin-
» gots de plus ne compenseroit pas les
» malheurs qui éclateroient sur la Grande-
» Bretagne. »

Les conseils de ce ministre, ami de la paix, prévalurent alors; mais aujourd'hui l'équilibre qui retenoit l'Angleterre dans de justes bornes, semble ne plus exister, et cette puissance marche tête levée, à l'envahissement des deux Indes. C'est contre l'Amérique méridionale que se renouvellent ses anciennes tentatives; elle voudroit surtout s'emparer des nouveaux débouchés ouverts à ses richesses. L'Espagne leur a donné, en effet, un autre cours par Buenos-Ayres, si heureusement situé pour devenir le point intermédiaire des échanges entre le Pérou et l'Europe. Des caravanes nombreuses partent de cette ville, traversent de vastes déserts avec le secours de la boussole, et, après un trajet de neuf cents lieues, apportent à San-Yago, à Cusco, à Lima, des marchandises d'Europe, et reçoivent de l'or en échange. Buenos-Ayres est ainsi le plus grand débouché de l'Amérique espagnole méridionale, et l'entrepôt de presque tous les trésors du Pérou. Ils descendent par le Pilcomayo et la rivière de la Plata, route plus courte et plus sûre que celle de Lima et de l'Océan pacifique.

Cette nouvelle direction ne pouvoit échapper à l'avide Angleterre; aussi l'a-t-on vue, à l'abri des bouleversemens de l'Europe, fière de la destruction des marines rivales, tenter avec plus d'audace que de succès la conquête de l'embouchure de la Plata. Puissent les Espagnols résister à de nouvelles agressions! Ce que la force n'a pu lui donner, l'ennemi voudra l'obtenir par la ruse et la politique; les prétextes ne manqueront pas, et tout sera tenté pour détacher le Pérou de la métropole. Depuis long-temps on dénonce à l'Europe le despotisme qu'exerce la Grande-Bretagne sur les mers ; il est tel aujourd'hui, que bientôt les nations commerçantes seront toutes ses tributaires. Son but est évidemment de s'emparer des métaux de l'Amérique, en échange des produits de l'industrie anglaise, et de répandre ensuite cet or en Europe, dans l'espoir de triompher de la force par l'opiniâtreté et la corruption.

Suffira-t-il de signaler le danger, de faire un appel à la fierté, à la bravoure des Espagnols, ou bien cette nation permettra-t-elle qu'on lui enlève ses plus riches colonies ? Verra-t-elle, après trois siècles de possession, l'Empire du Pérou passer sous l'influence britannique ? Quoi ! de tant de provinces conquises, de peuples soumis, de richesses accumulées, ne resteroit-il aux Espagnols que le regret de tout perdre, et l'Histoire n'aura-t-elle à raconter que leurs

excès et leurs revers? Ne pourroit-elle pas dire alors aux conquérans du Pérou : « Un
» Empire, entouré de peuplades sauvages,
» marchoit à grands pas vers la civilisation;
» vous l'avez envahi, vous n'avez épargné
» ni les Péruviens, ni leurs Incas; vous
» vous êtes ensuite déchirés pour leurs dé-
» pouilles, et, presque tous, vous avez péri
» misérablement. Juan Pizarre a été tué
» dans la citadelle même des Incas; Alma-
» gro est mort sous la main d'un bourreau;
» son lieutenant Orgognos a été massacré
» de sang-froid. C'est en plein jour, et dans
» son palais, qu'a été poignardé le gouver-
» neur Pizarre. Son frère Fernand est mort
» dans un cachot. Le jeune Almagro a péri
» comme son père ; malgré son intégrité,
» Vaca de Castro a été chargé de fers par
» ordre de l'inflexible Nugnez Vela, qui,
» à son tour vaincu et percé de coups, a
» été exposé comme un criminel. Fier du
» nom de Pizarre, c'est en vain que le vain-

» queur de Nugnez s'est emparé de l'auto-
» rité; abandonné par ses amis, il est monté
» sur l'échafaud, et Carvajal, son farouche
» lieutenant, a trouvé à un infâme gibet le
» terme d'une trop longue vie. L'autorité
» royale n'a été affermie au Pérou, que par
» la mort ou le supplice de Godinez, de
» Sébastien de Castille, et d'Hernandez
» Giron, derniers fauteurs de l'esprit sé-
» ditieux. Le barbare François de Tolède,
» l'assassin des Incas, a été lui-même puni.
» Bientôt tout a langui au Pérou comme
» dans la métropole, et, à son exemple,
» vous avez négligé, pour de l'or, l'indus-
» trie et l'agriculture, ces deux mobiles
» de la prospérité des Empires. Aujour-
» d'hui vous végétez dans l'opulence et
» l'humiliation. Jadis florissante, votre mé-
» tropole s'enorgueillit de la vaste étendue
» de ses possessions, sur lesquelles, suivant
» l'expression d'un de vos monarques, le
» soleil ne se couche jamais; elle crut pou-

» voir acheter, avec l'or du Pérou, la mo-
» narchie universelle, que le fer même ne
» peut conquérir. Peu d'années ont suffi
» pour dissiper sa fatale illusion. Après
» avoir vu s'affoiblir tous les ressorts de sa
» puissance, l'Espagne est tombée au-des-
» sous des nations qu'elle avoit épouvan-
» tées. Inquiète d'un avenir incertain, elle
» tremble pour ses possessions d'Amé-
» rique ; elle gémit de ses fautes. Que
» n'a-t-elle appris des Incas eux-mêmes,
» l'art de gouverner les hommes pour les
» rendre heureux, et l'art plus difficile de
» conquérir des provinces par la persuasion
» et les bienfaits ? »

FIN.

PIECES

PIÈCES JUSTIFICATIVES.

N°. I.

Lettre de Charles-Quint à Gonzale Pizarre.

LE ROI,

Gonzale Pizarre, par vos lettres et par quelques relations d'autres personnes, nous avons appris les mouvemens du Pérou et les désordres qui ont eu lieu dans toutes ses provinces, après l'arrivée de Blasco Nugnez Vela, que nous y avions envoyé en qualité de vice-roi, et celle des auditeurs de l'audience royale, qui y étoient aussi allés avec lui : nous avons donc su que tous les inconvéniens étoient venus de ce qu'on avoit voulu faire exécuter à la rigueur les nouvelles lois et les nouveaux réglemens que nous avions jugés convenables pour le bon gouvernement de ce pays-là ; et pour le bon traitement que nous desirons qui soit fait aux habitans naturels du pays. Nous sommes persuadés que vous et ceux qui vous ont suivi, n'avez pas eu intention de rien faire contre notre service, mais seulement de vous opposer à la rigueur excessive et à la dureté inexorable du vice-roi, qui ne vouloit absolument rien accorder aux supplications qu'on lui faisoit, et aux requêtes qu'on lui présentoit là-dessus. Etant donc bien informés de tout cela, et ayant ouï là-dessus François Maldonat en tout ce qu'il a voulu nous dire, tant de votre part que de celle des habitans de ces provinces, nous avons jugé à propos d'y envoyer, pour notre président, le licencié de la Gasca, qui est de notre Conseil de la Sainte et générale Inquisition, auquel nous avons donné commission et pouvoir de faire ce qu'il jugera convenable pour remettre le repos et la tranquillité dans le pays, y disposer les affaires, et y donner les ordres d'une manière propre pour l'avancement du service et de la gloire de Dieu, pour le bien et l'avantage du pays, et pour l'utilité, tant de nos sujets qui sont allés s'y établir, que de ses habitans naturels. C'est pourquoi nous voulons et entendons, et vous recommandons très-expressément, que vous ayez à obéir ponctuellement à tout ce que ledit licencié vous ordonnera de notre part, comme si nous-mêmes vous l'ordonnions de notre propre bouche. Que de plus, vous l'assistiez et lui donniez aide et faveur en tout ce qu'il vous requerra, et qui sera nécessaire pour l'exécution des ordres que nous lui avons donnés, suivant et de la manière qu'il vous les fera connoître et vous en sommera de notre part, et selon la confiance que nous avons en votre fidélité. Vous assurant aussi de notre côté, que nous nous souvenons et nous souviendrons en temps et lieu, des services que vous et le marquis don François Pizarre, votre frère, nous avez rendus, pour faire sentir à ses enfans et à ses frères, les effets de notre bienveillance. De Vénélo, le seizième de février mil cinq cent quarante-six, signé,

Moi le Roi,
Par ordre de Sa Majesté,
FRANÇOIS D'ERASO,

Nº. II.

Lettre du président la Gasca, à Gonzale Pizarre.

MONSIEUR,

Dans l'espérance que j'avois de partir promptement pour me rendre au Pérou, je ne vous ai pas jusqu'ici envoyé la lettre de Sa Majesté impériale, notre légitime souverain, ni ne vous ai non plus écrit pour vous faire savoir mon arrivée en ces qualités, parce qu'il me paroissoit plus conforme au respect et à l'obéissance que je dois à Sa Majesté, de vous remettre moi-même sa lettre entre les mains, sans la faire précéder par quelqu'une des miennes. Cependant, monsieur, voyant que mon départ de ce lieu est différé, et apprenant que vous faites assembler à Lima les habitans du pays, pour consulter sur les affaires qui se sont passées, et voir ce qu'il y aura à faire dans les conjonctures présentes, j'ai cru qu'il étoit à propos de ne tarder pas plus long-temps à vous envoyer la lettre de Sa Majesté, et que je la devois accompagner de celle-ci; ce que je fais, en vous les envoyant par le présent porteur, Pierre Hernandez Paniagua, qui est une personne d'honneur et de mérite, et qui fait profession d'être du nombre de vos amis et de vos serviteurs. Je puis bien dire, monsieur, qu'on a délibéré et consulté fort mûrement et fort soigneusement en Espagne, sur tout ce qui s'est passé au Pérou, depuis que le vice-roi Blasco Nugnez Vela y fut arrivé, et qu'après un soigneux examen, Sa Majesté, ayant ouï les sentimens de ses conseillers, et bien considéré toutes choses, elle jugea qu'il n'y avoit rien eu en tout cela qui dût faire croire qu'on eût été poussé par un esprit de rébellion et de désobéissance, mais que les Espagnols, habitans du Pérou, avoient cru que la rigueur inflexible avec laquelle le vice-roi faisoit exécuter les réglemens, nonobstant toutes leurs supplications et leurs appellations à Sa Majesté, les mettoit en droit de se défendre contre un procédé si rigoureux, au moins jusqu'à ce qu'ils eussent eu le temps d'apprendre plus précisément la volonté, et recevoir les ordres de Sa Majesté sur leurs remontrances. C'est cela même qui paroît aussi, monsieur, par la lettre que vous avez écrite à Sa Majesté, dans laquelle vous lui marquez que la principale raison qui vous a obligé d'accepter la charge de gouverneur, c'est parce qu'elle vous a été donnée par l'audience royale, au nom et sous le sceau de Sa Majesté, comme un emploi dans lequel vous lui pouviez rendre de bons services en l'acceptant, et dont elle pouvoit, au contraire, recevoir quelque préjudice, si vous le refusiez. Que c'étoit donc là le motif qui vous l'avoit fait accepter, jusqu'à ce qu'il plût à Sa Majesté d'en ordonner ce qu'elle jugeroit à propos, à quoi vous étiez résolu d'obéir en bon et fidèle sujet. Ce que Sa Majesté ayant vu et considéré, elle m'a envoyé expressément pour remettre le calme et la tranquillité dans le pays, par la révocation des ordonnances en question, avec pouvoir de pardonner, de sa part, tout le passé, et de prendre le sentiment et les avis des habitans, sur ce qui paroîtra plus convenable et plus avantageux pour le service et la gloire de Dieu, le bien du pays et l'avantage de tous ceux qui y habitent. A l'égard des Espagnols qu'on ne pourra pas pourvoir dans le pays, et à qui on ne pourra pas donner, comme aux autres, des répartitions d'Indiens, j'ai ordre, pour remédier aux inconvéniens qui en pourroient naître, de leur donner de l'emploi, en les envoyant faire de nouvelles découvertes, afin qu'ils y trouvent de quoi vivre commodément, et qu'ils y acquièrent de l'honneur et des richesses, comme ont déjà fait plusieurs autres, par ce qui a été découvert et conquis par eux. Je vous supplie donc, monsieur, de faire là-dessus des réflexions sérieuses, et de bien considérer les choses ; premièrement, en chrétien, et puis en cavalier et en gentilhomme d'honneur, sage et prudent. Comme vous avez toujours fait paroître beaucoup d'affection et d'attachement pour le bien et l'avantage de ce pays et de ceux qui y habitent, vous avez assurément grand sujet de rendre graces à Dieu de ce que, dans une affaire si importante et si délicate, ni Sa Majesté, ni ceux qui sont auprès d'elle, n'ont pas pris ce que vous avez fait, comme une rébellion et une révolte contre l'autorité légitime de votre souverain, mais plutôt comme une juste défense de vos droits et de ceux des autres Espagnols, habitans du Pérou, en attendant la décision de Sa Majesté sur vos supplications et vos requêtes présentées là-dessus. Ainsi, monsieur, puisque Sa Majesté, comme un prince véritablement catholique, qui aime l'équité et la justice, vous a accordé à vous et aux autres ce qui vous appartenoit et que vous demandiez par vos requêtes, en vous déchargeant de l'observation des réglemens dont vous vous plaignez, et que vous disiez vous être si préjudiciables, il est juste que de votre côté vous agissiez aussi en bon et fidèle sujet, et que vous fassiez paroître votre soumission et votre fidélité à votre souverain, par une respectueuse obéissance à ses ordres. En faisant cela, monsieur, non seulement vous agirez en bon et fidèle sujet, mais aussi en chrétien, soumis et obéissant aux ordres de Dieu, qui nous ordonne, tant par la loi de la nature que par sa parole écrite, de rendre à chacun ce qui lui appartient, et en particulier, de rendre aux rois l'obéissance qui leur est due, sous peine de mort et de damnation éternelle pour ceux qui ne s'acquitteront pas de ce devoir. Ajoutez encore que vous êtes obligé à cela, même en qualité de cavalier et de gentilhomme d'honneur, puisque vous savez que vos prédécesseurs ont mérité et ont acquis ce glorieux titre qu'ils vous ont laissé, par leur fidélité envers leur prince et les services qu'ils lui ont rendus, s'avançant et s'élevant, par ce moyen, beaucoup plus que plusieurs autres qui n'ont pas eu le même zèle et le même attachement à son service. Vous ne voudriez pas, monsieur, dégénérer de cette vertu qu'ont fait paroître ceux qui vous ont précédé, et mettre, par ce moyen, dans votre ame, une tache qui en obscurcisse la gloire. Après le salut éternel de l'ame, rien ne doit paroître plus considérable, ni être plus cher à un honnête homme, que l'honneur dont la perte le doit plus toucher que celle de toute autre chose qui ne regarde pas le salut et la vie à venir. Surtout, monsieur, une personne dans l'état et la situation où vous êtes, doit soigneusement prendre garde à ne point faire de tort à la gloire de ses prédécesseurs, ni à l'honneur de ses parens et au sien propre; ce que vous feriez donc, sans doute, en manquant à votre devoir envers votre roi. En effet, un homme qui manque de fidélité à Dieu ou à son prince, non seulement se fait tort à lui-même, mais, de plus, il déshonore, en quelque manière, sa famille et ses parens. Faites encore là-dessus, monsieur, des réflexions que la seule prudence humaine vous peut aisément suggérer : considérez la grandeur et la puissance de notre roi, et qu'il vous seroit impossible de lui résister, quand vous le voudriez entreprendre. Bien que vous n'ayez jamais été à sa cour, ni même dans ses armées, et qu'ainsi vous n'ayez pas vu de vos propres yeux sa puissance et les moyens qu'il a de châtier ceux qui le fâchent, vous n'avez qu'à faire réflexion sur ce que vous en avez ouï dire. Représentez-vous, par exemple, la puissance du Grand-Turc, qui est venu, en personne, avec plus de trois cent mille combattans, et qui, quand il s'est vu dans le voisinage de Vienne, auprès de Sa Majesté, n'osa lui donner bataille, voyant bien qu'il la perdroit infailliblement, s'il se hasardoit à la donner. Il se trouva même si pressé, qu'oubliant sa grandeur et sa fierté, il fut contraint de se retirer; et, afin de le pouvoir faire plus sûrement, il fut obligé de perdre beaucoup de cavalerie, qu'il avoit fait avancer pour occuper Sa Majesté, afin qu'on ne s'aperçût pas qu'il se retiroit avec le reste de son armée. Faites encore réflexion sur la grandeur et la puissance du roi de France, qui avoit passé en Italie avec toutes ses forces, et se trouvoit, en personne, à la tête de son armée, se flattant de se rendre aisément maître de tout ce que Sa Majesté possédoit en ce pays-là. Cependant, après bien du temps et bien des efforts employés assez inutilement, l'armée de notre roi, commandée, non par lui-même, seulement par ses généraux, donna bataille, remporta une glorieuse victoire sur les Français, et prit leur roi prisonnier, qui fut envoyé en Espagne. Considérez encore la grandeur de Rome, et néanmoins, combien aisément l'armée de notre roi y entra, s'en rendit maîtresse et la pilla, se saisissant de ceux qui étoient dans la ville. Dans la suite, le sultan des Turcs, considérant qu'il avoit été obligé de se retirer honteusement, sans oser donner bataille, et le roi de France se trouvant aussi trop foible de son côté pour pouvoir résister à Sa Majesté, ils se liguèrent ensemble contre elle, et mirent en mer la plus nombreuse flotte qu'on ait vue il y a fort long-temps, composée de galères, galiotes, fustes, et autres sortes de vaisseaux. Néanmoins notre grand monarque eut assez de forces pour résister à deux si puissans ennemis, joints ensemble, et empêcher par sa prudence et par sa valeur, qu'ils ne pussent prendre sur lui un seul pouce de terre pendant deux ans que leurs armées navales furent jointes. Au contraire, la première année de leur union, Sa Majesté prit les duchés de Gueldres et de Juliers, et quelques places sur les frontières de Flandre. Le roi de France dans cette occasion, se reconnut si bien inférieur, qu'encore qu'il se fût avancé avec toutes ses forces de ce côté-là, il n'osa entreprendre de secourir les places que Sa Majesté attaquoit, ni même s'en approcher beaucoup, par la crainte qu'il avoit qu'on le forçât à combattre. Il est vrai que comme la saison fut avancée, et qu'on se vit en hiver, il fit mine de vouloir donner bataille, pour obliger Sa Majesté à lever le siége de devant une place qu'elle avoit attaquée ; mais après cela il n'osa l'attendre, et se retira dans un lieu fort, où il se croyoit à-peu-près en sûreté. Cependant, la nuit suivante, ayant appris que l'empereur avoit donné ordre qu'on l'attaquât dans son fort, il l'abandonna honteusement, et se retira avec une précipitation qui lui fit peu d'honneur, emmenant avec lui quelque cavalerie, et laissant ordre à son fils d'abandonner aussi le lieu quelque temps après, et de le suivre avec le reste de son armée. De cette manière, le roi marcha toute la nuit et tout le jour suivant, avec tant de précipitation, que quand il entra dans la ville de Saint-Quentin, il ne se trouva accompagné que de trois cavaliers, qui étoient les seuls qui avoient pu le suivre. La nuit suivante, Sa Majesté entra en France, et en occupa une grande partie, sans que le roi osât s'avancer pour le combattre, et s'opposer à ses progrès. Ainsi, ces deux puissans princes, le Grand-Turc et le roi de France, ayant vu que leur ligue, et leur confédération n'avoient pas produit de grands effets, et qu'ils n'avoient remporté aucun avantage sur Sa Majesté, mais qu'au contraire le Français avoit eu le désavantage que nous avons marqué, ils séparèrent leurs flottes ;

le Turc fit trêve avec Sa Majesté, et le roi de France recherchala paix. On peut aisément juger que dans l'état où il se trouve, une des choses qu'il souhaite le plus, est que cette paix continue, et que Sa Majesté veuille bien l'entretenir. Je vous ai représenté cela, monsieur, parce que je sais qu'il arrive souvent aux hommes de faire grand cas de ce qui se passe en leur présence, et qu'ils voient de leurs yeux, bien qu'au fond c'étoit peu de chose, tandis qu'ils font fort peu d'attention à ce qu'ils n'ont ni vu ni éprouvé, l'estiment peu, et le négligent, quelque considérable qu'il soit. Je souhaite de tout mon cœur, par un principe de charité chrétienne, et par l'amour fraternel que nous devons avoir les uns pour les autres, que ni vous, ni tous les autres qui sont dans ce pays, ne vous abusiez pas, et ne vous fassiez pas à vous-mêmes une illusion dangereuse, en vous flattant de vos forces et de votre puissance, qui ne sont rien en comparaison de celles de Sa Majesté. En effet, s'il lui plaisoit d'arrêter les mouvemens, et faire cesser les troubles qui sont dans ce pays, non par la voie de la douceur et de la clémence qu'il a choisie, et qu'il a plû à Dieu de lui inspirer, mais par la rigueur et la force des armes, il auroit plutôt besoin de consulter sa prudence et sa modération, pour n'y pas envoyer un trop grand nombre de troupes qui pourroient ruiner le pays, que de faire quelque effort pour se mettre en état d'y en envoyer suffisamment. Vous devez aussi considérer, monsieur, qu'à l'avenir les affaires prendront sans doute un tour bien différent de celui qu'elles ont eu jusqu'à ce jour. Ci-devant, ceux qui se joignoient à vous, le faisoient de tout leur cœur, poussés par leur propre intérêt, parce que non seulement ils regardoient Blasco Nugnez comme votre ennemi, et sa cause comme mauvaise, et la vôtre comme bonne et juste, mais aussi chacun d'eux le regardoit comme son ennemi propre, qu'on croyoit qui en vouloit non-seulement aux biens, mais encore à la vie même de ceux qui lui étoient contraires, ou ne favorisoient pas ses desseins. Ainsi, monsieur, ceux à qui vous étiez si nécessaire pour les défendre de leur ennemi, ne pouvoient manquer de s'attacher à vous, et de suivre constamment votre parti, puisque votre cause étoit la leur. Là, défendant vos droits et vos intérêts, ils défendoient les leurs, et cela vous pouvoit servir d'assurance suffisante de leur fidélité et de leur attachement inviolable pour vous; mais à l'avenir, comme leur vie est mise en sûreté, par le pardon et l'amnistie qu'on leur accorde, et que leurs biens y sont aussi mis par la révocation des réglemens, vous devez considérer, qu'au lieu d'un ennemi, les Espagnols qui sont au Pérou, verront paroître celui qui est leur ami naturel, leur protecteur, et leur souverain légitime, à qui nous sommes tous obligés d'obéir et d'être fidèles. En effet, cette obligation naît avec nous, et elle nous vient comme par droits de succession de nos pères, de nos aïeux et de tous nos ancêtres, depuis plus de treize cents ans qu'ils nous en ont donné l'exemple, et ont par-là fortifié l'engagement naturel que nous avons à nous acquitter de ce devoir. Faites sérieusement réflexion là-dessus, monsieur, et pensez bien que dans l'état où sont les choses dès à présent, et dans le tour qu'elles prendront infailliblement à l'avenir, vous ne pourrez plus vous fier à personne, si vous prenez un mauvais parti ; il vous faudra continuellement être sur vos gardes, en crainte et en défiance de tout le monde, et même de vos plus proches. Nos pères, nos frères et nos plus particuliers amis, sont sans doute plus obligés de travailler au salut éternel de leurs ames, en suivant les mouvemens d'une bonne conscience, que de s'employer à la conservation des biens, des avantages, ou de la vie même de leurs enfans, de leurs frères ou de leurs plus intimes amis.

Ainsi, puisque par la rébellion contre l'autorité de son souverain légitime, on viole le droit, on blesse sa conscience, et on risque son salut, il est évident qu'il n'y a aucun lien si étroit de parenté ou d'amitié qui doive nous obliger à prendre le parti des rebelles. Aussi arrive-t-il souvent que la considération de ce devoir envers son prince, l'emporte sur toute autre, comme cela s'est vu dans les derniers soulèvemens d'Espagne. Vous avez encore un frère, monsieur, qui est un homme plein de cœur, et qui se croira sans doute plus obligé à conserver son honneur et celui de sa famille, qu'à suivre vos sentimens, s'ils ne sont pas droits; et on peut aisément croire que pour donner à son roi des preuves de sa fidélité, et effacer par ce moyen la tache par laquelle on auroit terni l'honneur de sa famille, il deviendroit votre plus grand ennemi, et seroit le premier à chercher l'occasion de vous punir d'un tel attentat. Nous avons vu depuis peu un exemple remarquable de deux frères espagnols, dont l'un demeuroit à Rome, où ayant appris que son frère, qui étoit en Saxe, s'étoit fait luthérien, il en fut vivement touché, lui semblant que c'étoit là une tache honteuse dans sa famille. Il prit donc la résolution d'y remédier, et pour cela, il partit de

Rome et s'en alla en Allemagne à dessein de convertir son frère, et s'il ne pouvoit en venir à bout, de le tuer : il exécuta la chose comme il avoit résolu, car après avoir demeuré quinze ou vingt jours avec son frère, et employé pendant ce temps-là tous ses soins pour le convertir, et effacer par ce moyen le déshonneur qu'il faisoit à leur famille, n'en pouvant venir à bout, il le tua, sans que ni les liens du sang, ni la force de l'amour fraternel, ni la crainte qu'il devoit avoir d'y perdre lui-même la vie, fussent capables de le retenir. En effet, le péril étoit fort grand pour lui dans une telle entreprise, de massacrer ainsi son frère, parce qu'il étoit luthérien, dans un pays de luthériens; mais ce desir de conserver son honneur, est si fort dans les honnêtes gens, qu'il l'emporte non seulement sur tous les devoirs de la proximité, mais même sur l'amour de la vie. Pensez donc, monsieur, que votre propre frère considérant ce qu'il se doit à soi-même pour la conservation de son honneur, et encore pour le salut éternel de son ame, se croira incomparablement plus obligé à conserver sa vie et ses biens, en faisant son devoir, que de s'exposer à les perdre, en suivant vos sentimens et votre parti. Supposant donc, monsieur, que vous fussiez assez malheureux pour vous révolter contre votre souverain, il seroit aisé à comprendre qu'en vous suivant, non seulement on perdroit son ame et son honneur, mais qu'aussi on ne pourroit éviter d'y perdre enfin et ses biens et sa vie. Il vous faut penser encore une chose : c'est que ceux mêmes qui auroient eu le plus d'attachement à votre parti, et qui auroient le plus fait pour vous, étant sans doute considérés comme les plus coupables, comprendroient aisément que le seul moyen d'obtenir grace, et même quelque récompense de la part de leur roi, seroit de lui rendre quelque service considérable à votre préjudice, non seulement en vous abandonnant et faisant tout leur possible contre votre parti, mais même contre votre propre personne. De cette manière, vous auriez sujet d'être dans des inquiétudes perpétuelles, puisque vous ne pourriez vous assurer en vos plus particuliers amis, qui seroient ceux dont vous auriez peut-être le plus à craindre et à garder, parce que, quelque assurance qu'ils vous eussent donnée de leur fidélité à votre service, et quelque promesse, même avec serment, qu'ils eussent pu vous faire, et devant Dieu et devant les hommes, tout cela ne pourroit vous être des garans suffisans, puisque de semblables promesses, contraires à ce que l'on doit à son souverain légitime, sont opposées aux lois du christianisme, et que, par conséquent, on fait mal de les faire, et plus mal de les garder. Ajoutez encore à cela, monsieur, que non seulement vous auriez tout à craindre de la part de vos amis, par les raisons qu'on vient de dire, mais, de plus, que vos grands biens deviendroient un nouveau sujet d'inquiétude, parce que l'espérance d'en obtenir quelque partie engageroit bien des gens à à se déclarer contre vous. Pensez aussi quel sera le péril de ceux qui, en petit nombre, se trouveront exceptés du pardon que Sa Majesté veut bien accorder aux habitans du Pérou, pendant que ceux qui auront accepté ce pardon, vivront en repos, sans crainte et sans inquiétude. Je vous supplie donc, monsieur, de bien considérer tout ce que je vous dis, et de faire aussi réflexion sur le zèle et l'attachement que vous avez fait paroître pour le bien et l'avantage du pays, et de ceux qui y habitent, comme vous y êtes obligé. En contribuant maintenant, de votre part, à faire cesser les troubles et les mouvemens qui ont agité et ébranlé ce royaume, tous ses habitans vous auront l'obligation entière d'avoir maintenu leurs droits, fait écouter favorablement leurs requêtes et leurs supplications, empêché l'exécution des réglemens, et fait ensorte que Sa Majesté a trouvé bon d'expédier une personne exprès pour les ouïr et remédier aux maux et aux inconvéniens dont ils se plaignoient. Au contraire, si vous prenez un autre parti, vous perdrez tout le mérite de l'obligation qu'on semble vous avoir pour le passé, parce qu'en faisant continuer les troubles, après avoir obtenu ce que vous demandiez comme nécessaire au bien commun de tous, on jugera que ce n'étoit pas cette considération du bien public qui vous faisoit agir, mais plutôt votre intérêt particulier et votre ambition démesurée. De cette manière, au lieu d'être utile aux Espagnols qui habitent le Pérou, vous leur nuiriez beaucoup, et ils auroient grande raison de vous regarder comme leur ennemi, puisque par-là, non seulement vous leur causeriez des peines et des fatigues continuelles, mais qu'aussi vous les tiendriez toujours en inquiétude et en péril de perdre et leurs biens et leur vie, sans leur laisser ni le repos ni la commodité nécessaires pour pouvoir jouir et profiter de ces biens, que la bonté de leur souverain leur laisse. Ils auroient donc, sans doute, autant et plus de raison de vous regarder comme leur ennemi, qu'ils en avoient de regarder comme tel Blasco Nugnez Vela, puisque, s'ils craignoient de sa part la perte de leurs biens et de leur vie, ils auroient sujet de craindre de la vôtre, non seulement la même chose, mais, de plus, la perte du salut éternel de leur ame, par la désobéissance et la révolte où vous voudriez les engager contre leur légitime souverain. Il faut aussi que vous considériez, monsieur, qu'en voulant soutenir la guerre, vous seriez cause qu'il faudroit faire passer un grand nombre de troupes au Pérou, et qu'ainsi votre conscience seroit chargée de tous les inconvéniens et de tous les maux qui arriveroient par la ruine et la désolation du pays et de ses habitans. Cela, sans doute, vous attireroit la haine de tous, et particulièrement des plus considérables des marchands et des personnes riches, par les grands domaines qu'elles possèdent. A l'égard de ceux mêmes qui n'ont ni biens ni possessions dans le pays, et qui vivent avec beaucoup de peine dans une honteuse oisiveté, on ne laisseroit pas de leur faire beaucoup de tort en les employant dans ces démêlés; car, sans parler de ceux qui y perdroient la vie, n'est-il pas évident que ceux qui s'en sauveroient, se trouvant si éloignés de leur patrie, dans des climats forts différens, où leur santé est fort exposée, s'éloigneroient parlà extrêmement du dessein qui leur a fait entreprendre un si long voyage, qui est sans doute de gagner de quoi vivre à leur aise, et s'en retourner riches dans leur pays natal, ou de vivre honorablement dans celui où ils sont venus ?

Mais ceux-ci, dont on parle, n'ont de moyen de réussir dans ce dessein, qu'en travaillant à de nouvelles découvertes, puisqu'ils ne trouvent pas d'occupation ni de partage dans celles qui sont déjà faites. Ils n'avancent donc point vers leur but, mais plutôt ils s'en éloignent, et perdent leur temps, en servant, comme ils font, dans ces guerres civiles, puisqu'ils tirent si peu de profit de leurs services ; que s'ils vouloient retourner en Espagne, la plupart seroient obligés de mendier pour payer leur passage. Je me suis étendu à vous représenter toutes ces choses peut-être plus au long qu'il n'étoit nécessaire, parce qu'étant chrétien, comme vous êtes, et de plus un gentilhomme sage, prudent et plein d'honneur, l'affection que vous avez pour les habitans de ce pays, et l'intérêt que vous prenez en leurs affaires, sont sur votre esprit des motifs plus que suffisans pour vous engager à faire votre devoir. Ne croyez pas pourtant, monsieur, que ce que je vous ai dit parte de quelque doute, ou de quelque défiance de votre piété, de votre générosité, ou de votre fidélité envers votre prince : ce sont là, en effet, des qualités que j'ai toujours ouï dire que vous possédiez; ainsi, monsieur, cela m'a engagé à vous parler avec liberté et avec franchise ; d'autant plutôt que je souhaite de tout mon cœur et votre avantage, non-seulement en chrétien qui doit aimer son prochain, mais aussi comme votre serviteur, et comme un homme affectionné au bien du pays et de ses habitans en général, et qui voudroit par conséquent empêcher, s'il lui étoit possible, qu'il ne leur arrivât aucun mal. Je vous prie donc de recevoir ce que je vous écris, comme venant d'un homme qui ne se propose en ceci que l'honneur et la gloire de Dieu, en procurant la paix que son fils Notre Sauveur, nous a tant recommandée, l'obéissance qu'il doit aux ordres de son souverain, et l'utilité et l'avantage de son prochain, tant à votre égard en particulier, monsieur, qu'à l'égard de tous les autres habitans du pays, à qui je souhaite de pouvoir procurer une bonne paix et un état de repos et de tranquillité dans lequel ils puissent commodément travailler au salut de leur ame, et à la conservation de leurs biens et de leur vie; puisqu'en effet dans le trouble et dans la guerre, il est mal-aisé de s'employer utilement à la conservation de toutes ces choses. Je puis bien vous dire sincèrement que ce zèle et cette affection que je vous témoigne, m'ont rendu votre solliciteur dans les affaires présentes, et m'ont engagé à n'épargner ni peines, ni soins, ni fatigues pour vous rendre service, et exposer même avec joie ma vie aux dangers d'un périlleux voyage, pour mettre les vôtres en sûreté. Aussi puis-je bien vous assurer que si j'en viens heureusement à bout, comme je le souhaite, je croirai ma peine fort bien employée, et je retournerai content et satisfait en Espagne ; si non je me consolerai au moins par la pensée d'y avoir fait de mon mieux, et d'avoir agi en chrétien, en m'acquittant de mon devoir en bonne conscience, en fidèle sujet de Sa Majesté, qui aura obéi à ses ordres, et en honnête homme qui aura suivi les règles de la charité chrétienne, en tâchant de faire du bien à mes compatriotes. Aussi quand je suis parti pour ce voyage, ma consolation a toujours été que si je venois à y mourir, je mourrois en faisant mon devoir envers Dieu et envers mon légitime souverain, et tâchant de procurer le bien et l'avantage de mes prochains, et de les garantir du mal qui les menace. J'ose donc vous dire, monsieur, que puisque vous et tous les habitans de ce pays, êtes si redevables à mes bonnes intentions, il est juste que vous fassiez attention à ce que je vous dis pour en profiter ; puisque cela même est la seule preuve que je vous demande de votre reconnoissance, et le seul salaire que je désire de tous mes soins et de toutes mes peines. Je vous supplie aussi instamment, monsieur, de communiquer ce que je vous dis à quelques personnes sages et pieuses, zélées pour le service et pour la gloire de Dieu; puisque ce sont ces sortes de personnes dont les avis sont les plus sûrs et les meilleurs à suivre, parce qu'on ne peut les soupçonner de les donner par intérêt, ou par quelqu'autre mauvais motif. Je prie Dieu qu'il couvre de sa protection, et vous et tous ceux qui vous accompagnent, monsieur, et qu'il vous inspire dans cette affaire les sentimens les plus propres pour avancer le salut éternel de vos ames, et faire ce qui est convenable à la conservation de votre honneur, de votre vie et de vos biens ; et qu'il prenne toujours en sa garde votre illustre personne.

Je suis, monsieur, etc.

Signé le Licencié Pierre GASCA.

De Panama, le 26 de septembre de l'an 1546.

La suscription de la lettre étoit en ces termes:

A l'illustre seigneur Gonzale Pizarro, en la ville de Los-Reyes.

N°. III.

Réponse de Gonzale Pizarre au président la Gasca.

Monsieur,

J'ai reçu la lettre que vous m'avez fait l'honneur de m'écrire de Panama, en date du 26 septembre de l'an passé. Je vous remercie des avis que vous me donnez, sachant bien qu'une personne de votre condition, aussi recommandable comme vous êtes, et pour les qualités de l'esprit et pour celles de l'ame, ne peut donner que des conseils salutaires. Pour ce qui me regarde en particulier, vous m'obligerez de croire que mon intention a toujours été et sera de servir le roi, mon procédé et celui de mes frères en ayant donné de tout temps des témoignages indubitables; aussi tiens-je pour maxime, que ce n'est pas de paroles mais d'effet; qu'il faut servir son prince. Quoiqu'on mette en ce nombre ceux qui sont aux gages de leur roi, dans les emplois qu'il leur donne, cependant je ne crois pas qu'ils se puissent comparer à moi, qui, durant seize ans continuels, depuis mon arrivée en ce pays, ai toujours servi Sa Majesté de ma bourse et de ma personne : ce que mes frères et mes autres plus proches ont fait aussi ; de sorte que je puis dire, sans me vanter, qu'il n'y a jamais eu personne qui ait accru, comme j'ai fait, la grandeur de la couronne d'Espagne, ni qui ait mis dans les coffres du roi plus d'or et d'argent, sans qu'il en ait jamais coûté un ducat à Sa Majesté. Mes frères ni moi n'avons jamais eu autre gratification que cet emploi, parce que nos services continuels consommoient tout le gain que nous pouvons avoir fait dans la conquête de ce pays ; de sorte qu'au temps que Blasco Nugnez y arriva, le fils du marquis Hernand Pizarre et moi, nous nous trouvâmes entièrement dépourvus d'or et d'argent, après avoir envoyé à Sa Majesté des sommes immenses, et sans avoir, par manière de dire, un pouce de terre qui fût à nous, ayant conquis à la couronne une si vaste étendue de pays. Je n'en suis pas toutefois moins ardent à son service, que j'ai été le premier jour que j'y suis entré. Cela étant, il y a peu d'apparence qu'une personne qui a eu l'honneur de servir un si grand prince, durant tant d'années, puisse ignorer sa puissance, et je loue Dieu de ce qu'il lui

a plu nous donner un si bon maître, et à lui tant de forces et de victoires, que par elles il s'est rendu redoutable à tous les autres princes chrétiens et même aux infidèles. Or, quoique je n'aie pas employé tant de temps à sa cour comme au champ de bataille, où je me suis toujours trouvé des premiers à combattre pour lui, je n'ai pas laissé toutefois de m'enquérir avec soin de ses actions mémorables, et principalement de celles qu'il a faites à la guerre, dont je me suis si bien informé que je ne crois pas qu'il y ait personne qui sache mieux que moi les bons succès qu'il a eu en diverses occasions; car j'ai le bonheur que mes amis, dont j'ai un bon nombre à la cour d'Espagne, ne manquent point de m'écrire tout ce qui s'y passe de plus remarquable, etc. Après s'être élevé contre le vice-roi Blasco Nugnez Vela, et rejeté sur lui la faute des choses passées, Gonzale Pizarre s'en excusoit lui-même, et ajoutoit : « que toutes les villes l'avoient
» élu procureur-général du Pérou ; que, par des
» lettres duement scellées des armes du roi, il s'étoit
» vu chargé de la commission de chasser de cet
» Empire Blasco Nugnez Vela ; qu'ainsi il n'avoit
» rien fait de son propre mouvement, mais seule-
» ment pour obéir à son mandat. »

NOTES HISTORIQUES
SUR LES PÉRUVIENS,

SUR LEURS MŒURS, LEURS USAGES

ET

SUR LES PRINCIPALES VILLES DU PÉROU.

MUSIQUE DES PÉRUVIENS.

LA musique n'avoit pas fait de grands progrès au Pérou : elle se réduisoit à quelques accords. Le principal instrument des Péruviens étoit composé de quatre ou cinq tuyaux de roseaux attachés ensemble, dont chacun étoit d'un ton plus haut que l'autre, en forme de tuyau d'orgue. Quand on jouoit de cet instrument, il en résultoit quatre tons différens : le dessus, la taille, la haute-contre et la basse. Un autre lui répondoit en accord de quinte, et de toutes sortes de tons, qu'il haussoit ou baissoit plus ou moins, sans aucune dissonance ; mais ils ne connoissoient pas les semi-tons ou chromatiques, n'en ayant que d'entiers ou d'une seule mesure. On apprenoit aux grands de la cour à jouer des instrumens, pour faire partie de la musique de l'empereur ; et, tout grossier qu'étoit leur chant,

ils avoient assez de peine à l'apprendre. Leurs flûtes étoient de quatre ou cinq tons, comme celle de nos bergers ; mais ils ne connoissoient point l'art de les accorder ensemble pour faire un concert d'harmonie. Ils jouoient sur ces airs des paroles qui étoient rimées, et qu'ils composoient sur les peines ou sur les faveurs de l'amour. Chaque chanson avoit son air particulier, et ils n'en avoient pas deux différentes sur le même ton; car un amant qui donnoit une sérénade à sa maîtresse, marquoit l'état de sa passion sur sa flûte, par la diversité du ton et du mouvement, gai ou triste, et lui faisoit savoir ainsi la tristesse ou la joie de son cœur. Voici un exemple de leurs chansons, rapporté par Garcilasso : Un Espagnol, à l'époque de la conquête, rencontre dans une des rues de Cusco une Indienne, dont il recherchoit les faveurs; il veut l'entraîner chez lui; mais l'Indienne s'y refuse, et lui chante ce couplet : « N'entendez-vous pas cette flûte, dont
« mon amant joue sur la prochaine colline ? Il
» m'appelle avec tant de passion et de tendresse,
» que je ne puis résister à ses accens; laissez-moi
» donc, je vous en prie, car la violence de mon
» amour m'entraîne de ce côté, et l'amour veut

» absolument que je sois sa femme, et lui mon
» époux. »

Les Péruviens ne chantoient point sur leur flûte
leurs faits d'armes et leurs exploits; ils réservoient
de tels sujets pour leurs principales fêtes, et à l'occasion de leurs victoires et de leurs triomphes.

Les chansons qu'ils chantoient à la louange du
soleil et de leurs Incas, étoient toutes composées
sur le mot *hailly*, qui signifie *triomphe* dans la
langue générale du Pérou. Parmi ces chants d'allégresse, destinés surtout à célébrer la fête de l'agriculture, que solennisoit l'Inca en personne, ils entremêloient les mots les plus agréables et les
plus familiers aux gens de guerre et aux amans
fidèles, et ils en faisoient l'application à la terre
qu'ils labouroient. Le mot *hailly* étoit le refrain de
tous leurs couplets, et ils le répétoient en cadence
très long-temps, comme pour mieux s'attacher à
leur travail. Les femmes chantoient aussi et s'accordoient avec les hommes, quand on répétoit le
mot *hailly*.

L'air et le rhithme de ces chansons indiennes parut si agréable au maître de la chapelle de l'église
cathédrale de Cusco, qu'en 1551, il en composa un
motet sur l'orgue, en l'honneur du Saint-Sacre-

ment. Des chanteurs espagnols, indiens et métis, répondoient en chœur, et les Péruviens étoient ravis de voir que les Espagnols se servoient de leur chant national pour célébrer leur propre dieu, qu'ils appeloient *Pachacamac*, c'est-à-dire, celui qui donne la vie à l'Univers.

COURRIERS DU PÉROU.

Les courriers péruviens s'appeloient *Chasqui*; ils étoient chargés de transmettre, le plus promptement possible, les ordres de l'Inca, et de porter à la cour la nouvelle des événemens qui se passoient dans les provinces de l'Empire. On plaçoit, à cet effet, à chaque quart de lieue, cinq ou six Indiens, jeunes et lestes, qui, au besoin, se mettoient à couvert dans des cabanes situées sur des hauteurs; tous avoient les yeux fixés sur le grand chemin, où ils se tenoient comme en sentinelle, pour voir s'ils ne découvriroient point les courriers avant qu'ils arrivassent jusqu'à eux, et pour se tenir prêts à recevoir le message qu'il leur falloit transmettre. Ils le recevoient de vive voix, et purement par un échange de paroles faciles à retenir, afin qu'on ne pût en altérer le sens ou même les oublier. Le courrier porteur du message élevoit la voix dès qu'il apercevoit la cabane des courriers voisins, afin d'avertir celui qui devoit courir à son tour; il répétoit plusieurs fois ce qu'il avoit à dire, jusqu'à ce que celui qui devoit le retenir l'eût entendu, et, s'il ne l'entendoit pas, il alloit à lui, prononçant distinctement ce qu'il avoit à transmettre; ainsi, le message passoit promptement de courrier en courrier jusqu'au lieu où il s'adressoit. Les Péruviens se servoient aussi quelquefois de leurs nœuds ou *quipos*, comme d'autant de chiffres de convention; mais cette manière de correspondre n'avoit guère lieu qu'entre l'Inca et ses gouverneurs de provinces; la différence des couleurs et la variété des contextures, marquoient le nombre de soldats, la quantité d'armes et de munitions qu'il falloit envoyer ou tenir prêtes.

En cas de révolte, de guerre inopinée, d'évènement extraordinaire, les Péruviens employoient aussi les feux et la fumée pour en donner promptement avis à l'Inca ; de sorte qu'en peu d'heures, le monarque étoit instruit de ce qui pouvoit survenir d'important d'une extrémité de l'Empire à l'autre ; ce qui lui donnoit le temps de faire les préparatifs nécessaires pour étouffer les troubles dans leur naissance. C'étoit une sorte de transmission télégraphique.

DANSE DES PÉRUVIENS.

Chaque province du Pérou avoit sa danse particulière; elle ne changeoit jamais, et les Péruviens suivoient toujours dans leur danse, la mesure et les pas qu'ils avoient appris de leurs pères. Lorsque les Incas dansoient, ils ne faisoient ni sauts ni gestes comme les autres danseurs de la cour; leur danse étoit bienséante et grave. Les hommes seuls étoient admis à cette espèce de branle impérial, où ils se donnoient la main les uns aux autres, et sembloient ainsi former une chaîne. Il s'y trouvoit souvent plus de trois cents danseurs de marque, selon la solennité de la fête, et dansant tous à une certaine distance du prince, par respect pour sa personne. Le premier qui menoit le branle impérial, alloit en cadence, et les autres le suivoient; de sorte qu'ils s'avançoient toujours en dansant, jusqu'à ce qu'ils fussent au milieu de la place où étoit l'Inca. Ils chantoient tour-à-tour, et leurs chansons, qu'ils soumettoient à la cadence, rouloient sur les éloges de l'Inca, de ses prédécesseurs et des autres princes de son sang qui s'étoient rendus célèbres.

Les Incas qui s'y trouvoient, chantoient aussi, et l'empereur dansoit même quelquefois aux principales fêtes, pour les rendre plus solennelles. Ce fut cette espèce de danse impériale qui donna l'idée à l'Inca Huana Capac de faire construire la chaîne d'or, si fameuse dans l'Histoire du Pérou, par sa longueur et sa richesse; Huana Capac jugea qu'il seroit plus grave et plus majestueux de tenir une chaîne d'or en dansant, que de se prendre la main. Cette chaîne s'étendoit d'un bout à l'autre de la place de Cusco, où les Péruviens célébroient leurs principales fêtes.

AMAUTAS, ou POÈTES PHILOSOPHES
DU PÉROU.

Privés de l'usage de l'écriture, les Péruviens ne pouvoient guère être savans; mais il y avoit, parmi les grands de l'Empire, quelques hommes qui passoient pour philosophes, et qu'on appeloit Incas Amautas. C'étoient des raisonneurs subtils, qui réduisoient la théorie en pratique, par rapport aux maximes du gouvernement de l'Etat. Ils ignoroient presque toutes les sciences, ne sachant pas écrire; mais, s'ils avoient peu de notions sur la philosophie naturelle, ils avoient, sur la philosophie morale, d'excellens principes. Leurs préceptes, leurs coutumes, leur manière de vivre, étoient, en quelque sorte, des livres toujours ouverts à leurs disciples, et même à la nation entière. Frappés uniquement de ce qui étoit sensible, ils ne s'arrêtoient jamais aux spéculations. Ils avoient plus de connoissance de l'astronomie que des sciences naturelles, parce que le soleil, la lune et les autres planètes, frappoient leurs yeux et réveilloient leur curiosité. Ils avoient une manière de compter l'année; de connoître les solstices et les équinoxes. Ces Amautas étoient essentiellement poètes, composoient des tragédies et des comédies, qu'ils représentoient eux-mêmes devant leur empereur et les seigneurs de la cour, les jours de fêtes solennelles. Ils s'attachoient, dans les tragédies, à montrer la grandeur, la magnificence et les triomphes de leurs monarques et des hommes illustres de l'Empire. La comédie, ainsi que chez presque tous les peuples, avoit pour objet de rattacher à la morale presque tous les événemens de la vie domestique et familière.

Quant à leur poésie, elle observoit la mesure des syllabes, et l'amour en étoit le sujet ordinaire. Ils mettoient aussi en vers les actions mémorables de leurs rois, des autres Incas fameux, et de leurs principaux Curacas; ils les enseignoient par tradition à leurs descendans, afin de conserver la mémoire des vertus de leurs ancêtres et de les porter à suivre leur exemple. Ces vers étoient si courts, qu'on pouvoit les retenir sans peine. Les poètes Incas s'appeloient *haravec*, c'est-à-dire *inventeurs*. Ils chantoient les météores, le tonnerre, l'éclair, la foudre, la grêle, la neige, la pluie. Blan Valera dit qu'il avoit découvert des poésies péruviennes parmi les nœuds ou *quipos* d'annales fort anciennes, qui étoient désignées par des fils de diverses couleurs, et qu'il en avoit appris la tradition ou le secret des Indiens mêmes qui étoient chargés de tenir compte des années historiques. Il en a donné la traduction latine dans ses Mémoires. Garcilasso les a traduites en espagnol, avec la version indienne. La plupart des conquérans du Pérou, n'appeloient pas ces chansons des fables, mais des histoires, parce qu'elles renfermoient ordinairement des faits et quelques vérités reconnues. Ainsi, la poésie péruvienne est suffisamment constatée.

Du reste, la philosophie morale fut celle de toutes les sciences à laquelle les Amautas s'attachèrent le plus, soit dans la théorie, soit dans la pratique. Leur étude ne se bornoit pas à connoître les devoirs des sujets les uns envers les autres, suivant la loi naturelle, mais encore, comment ils devoient obéir à l'empereur, le servir et l'adorer; ils apprenoient en même temps quel étoit le devoir des supérieurs envers les inférieurs, du roi envers ses sujets : de quelle manière il devoit traiter les *Curacas*, ou grands de l'Empire, et reconnoître leurs services. Les princes Incas suivoient de si près leur théorie à ce sujet, qu'à la fin, ils portèrent la morale pratique au plus haut degré de perfection où elle puisse jamais atteindre. Les meilleurs auteurs espagnols sont tous d'accord à cet égard.

L'Inca Roca fut le premier qui fonda des écoles à Cusco, afin que les Amautas y pussent enseigner les sciences aux princes du sang royal et aux Curacas, ou grands de l'Empire. Le devoir des Amautas consistoit à leur apprendre les cérémonies et les préceptes de leur religion, de leur faire connoître le fondement et l'esprit de leurs lois, en leur en donnant la véritable explication; de les instruire dans la politique et l'art de la guerre, de polir leurs mœurs, de leur apprendre l'histoire et la chronologie, par le moyen des nœuds combinés ou *quipos*, dont ils se servoient pour tenir compte des années, et de les faire parler d'une manière élégante et pure. Ces mêmes Amautas, qui étoient en grande vénération comme philosophes, s'appliquoient encore à montrer aux jeunes gens la poésie, la musique et l'astrologie. L'Inca Pachacutec ajouta plusieurs réglemens aux institutions de Roca Inca. Tel est le témoignage de Blas Valera, écrivain espagnol très-exact dans les recherches des antiquités péruviennes et dont les intéressans mémoires (ils n'ont jamais été publiés) ont souvent servi de guide à Gurcillasso qui avoit été à portée de les consulter

FEMMES DU PEROU.

La reine, femme légitime de l'Inca, étoit appelée *Coya*, c'est-à-dire, reine ou impératrice. On lui donnoit encore le nom de *Mamanchic*, c'est-à-dire, *notre mère*, parce qu'elle faisoit l'office de mère envers tous ses parens et ses sujets. On nommoit aussi *Coya* ses filles, mais par extension seulement, ce nom ne leur étant pas naturel. On appeloit *Pallas*, c'est-à-dire, *femmes du sang royal*, les maîtresses de l'Inca, qui étoient en même temps ses parentes, et toutes les autres femmes du sang royal. Quant aux maîtresses de l'Inca, qui n'étoient point de son sang, on les appeloit *Mamacuna*, qui signifie *matrone*, ou qui, à le prendre plus généralement, désigne une *femme qui est obligée de faire les fonctions de mère*. Les filles de l'empereur et toutes les autres princesses de la même race, étoient appelées *Nusta*, qui veut dire femmes du sang royal, avec cette différence qu'on appeloit simplement *Nusta* celles qui étoient légitimement d'extraction royale, au lieu que, pour désigner la princesse qui n'étoit pas légitime, on ajoutoit à son nom de

Nusta, celui de la province où sa mère avoit pris naissance ; ainsi, l'on disoit *Colla Nusta, Huanca Nusta, Quito Nusta*, et ainsi des autres provinces ; mais on ne donnoit ce nom qu'aux filles ; elles prenoient le titre de *Pallas* dès qu'elles étoient mariées.

Les Incas donnoient eux-mêmes des femmes aux *Curacas*, aux capitaines et aux autres officiers dont ils vouloient récompenser le mérite. Ces femmes étoient choisies parmi les filles d'autres grands de l'Empire ; l'Inca les désignoit lui-même, pour les donner, de sa main, à ceux qui l'avoient bien servi ; il marioit encore, mais rarement, les bâtardes du sang royal, aux *Curacas* ou seigneurs des grandes provinces, tant pour les récompenser que pour s'assurer de leur fidélité.

Les filles qui se vouoient au service du soleil, faisoient profession de virginité perpétuelle ; elles vivoient, pour cet effet, retirées du commerce du monde, dans plusieurs palais ou monastères bâtis exprès dans ce vaste Empire. On appeloit ces filles du soleil : *Vierges choisies ;* elles avoient à Cusco un palais, qu'on nommoit *Ackahua*, c'est-à-dire, maison des étoiles Cet. édifice formoit une île entre la grande place et les trois rues les plus fréquentées de la capitale ; on l'appeloit aussi *la Maison des choisies*; il n'y entroit jamais aucun homme. Comme ces vierges étoient destinées à être femmes du soleil, il falloit qu'elles fussent filles des Incas légitimement descendues du monarque ou des princes de son sang. Il y avoit ordinairement, dans cette maison, plus de quinze cents vierges choisies ; mais le nombre n'en étoit pas limité; celles qui étoient âgées vivoient toujours dans la même profession ; on les appeloit *Mamacuna*, mot qui, à la lettre, signifie *matrone*. Elles faisoient les fonctions d'abbesses, instruisoient les novices dans le culte du soleil, et leur apprenoient à filer, à coudre et à broder. Ces religieuses vivoient continuellement renfermées, et dans une perpétuelle virginité; elles n'avoient ni tour ni parloir, ne voyoient ni hommes ni femmes. L'Inca même s'abstenoit de jouir du privilége de les aller visiter. Il n'y avoit que les *Coya*, c'est-à-dire, l'impératrice et ses filles, qui eussent la permission d'entrer dans ce vaste monastère, et de parler aux *vierges choisies*. On y comptoit vingt portes extérieures, et vingt portiers pour le service de la maison, lesquels ne pouvoient communiquer que jusqu'à l'enceinte et aux portes extérieures; il y avoit, pour le service intérieur, cinq cents jeunes personnes, qui devoient être toutes vierges et filles des princes Incas. La principale occupation des vierges du soleil, étoit de filer, de tisser et de faire tous les habits que portoient l'Inca régnant et la Coya, sa femme légitime; elles faisoient aussi tous les habits les plus fins, qu'on offroit en sacrifice au soleil. C'étoient elles qui faisoient également le *Llanta*, ou diadême impérial; elles faisoient encore certaines petites bordures, appelées *Paycha*, qui étoit mêlées de jaune ou de rouge, attachées à un cordon de la longueur d'une aulne, et qui n'étoit point pour l'Inca, mais pour les princes du sang; ils les portoient sur la tête, d'où elles aboutissoient par les deux extrémités à la tempe droite. L'Inca recevoit tous ces ouvrages des vierges choisies comme des choses sacrées, et il les avoit en grande vénération, ainsi que tous ses sujets; mais il estimoit plus particulièrement tout ce qui étoit fait de la main des *Coyas*, femmes du soleil, et pour le soleil même. Les vierges choisies étoient tenues, en outre, de faire le pain, qu'on appeloit *Canen*, pour les sacrifices qu'on offroit au soleil, dans ses plus grandes fêtes, qu'on nommoit *Raymi* et *Citua*. Elles faisoient aussi d'une certaine liqueur, que l'Inca et les princes et princesses du sang royal buvoient aux jours de ces solennités ; on appeloit cette liqueur *Aca*, prononçant la dernière syllabe du fond du gosier. Tous les vases et la vaisselle entière de la maison du soleil étoient d'or et d'argent.

Si, parmi un si grand nombre de vierges, il en étoit quelqu'une qui se laissât séduire et perdît sa virginité, elle étoit condamnée à être enterrée toute vive, et son séducteur à être étranglé, et même la punition du coupable s'étendoit à toute sa famille, à ses parens et à des domestiques ; mais cette loi terrible ne fut jamais exécutée, parce qu'il n'y eut jamais de coupable.

Les Incas firent bâtir dans les principales provinces, plusieurs autres monastères, sur le modèle de celui de Cusco. On y admettoit les filles des Curacas, des capitaines et même des principaux Indiens, pourvu qu'elles fussent belles ; on les gardoit avec le même soin que les femmes dédiées au soleil.

Ceux qui attentoient à l'honneur des femmes de l'Inca, étoient punis aussi rigoureusement que les adultères des vierges choisies et dédiées au soleil ; mais il n'y eut jamais d'exemple de l'un ni de l'autre crime, tant les Péruviens étoient rigides observateurs des lois.

Les Indiennes qui après avoir été choisies pour les maîtresses de l'Inca, avoient eu commerce avec lui, ne pouvoient retourner chez elles sans sa permission; mais elles servoient dans le palais, en qualité de femmes de la Coya ou impératrice, jusqu'à ce qu'on leur permît de retourner dans leur province, où elles étoient comblées de biens et servies avec un respect religieux; car les Péruviens tenoient à grand honneur d'avoir une femme de l'Inca.

Après la mort de l'Inca régnant, ses maîtresses étoient honorées par son successeur du nom de *Mamacuna*, parce qu'elles étoient destinées à être les gouvernantes de ses maîtresses, qu'elles instruisoient comme les belles-mères instruisent leurs bru. Il régnoit la même magnificence dans les maisons des vierges choisies pour les plaisirs de l'Inca, que dans les monastères des vierges du soleil et dans toutes les maisons royales; car il est certain que toutes les richesses en or, en argent et en pierreries, qu'on tiroit de ce vaste Empire, n'étoient employées qu'à l'ornement et au service des temples du soleil, des maisons des vierges choisies et à la somptuosité des palais de l'Inca.

Il y avoit aussi plusieurs autres princesses du sang royal, à qui leurs maisons servoient de cloîtres, où elles vivoient fort retirées, et tâchoient de s'acquitter du vœu qu'elles avoient fait de rester toujours vierges. La chasteté de ces femmes, et leur honnête façon de vivre, les faisoient regarder avec tant de vénération, qu'on les appeloit, par excellence, *Oello*. Il ne faut pas oublier ici la conduite exemplaire des veuves, qui ne sortoient point du tout pendant la première année de leur veuvage. Si elles n'avoient point d'enfant, on les voyoit rarement se remarier ; si elles en avoient, elles passoient leur vie dans une continence perpétuelle, et ne s'engageoient plus dans l'état de mariage. Cette vertu leur attiroit une telle estime, qu'on leur accorda plusieurs grands privilèges.

Dès qu'une Péruvienne étoit mariée, elle ne sortoit presque plus de sa demeure ; elle s'occupoit à filer, à tisser la laine, et le coton pour son usage particulier ou pour celui de son mari et de ses enfans.

Dans les campagnes, les hommes et les femmes travailloient à l'envi à la culture de la terre. Dans les provinces éloignées de Cusco, les femmes travailloient aux terres des Incas, pendant que leurs maris s'occupoient à filer et à tisser. Les Indiennes aimoient tellement à filer et s'adonnoient si fort au travail, qu'elles ne sortoient jamais et n'alloient jamais en visite, sans avoir de quoi filer et tordre; les *Pallas*, qui étoient du sang royal, faisoient porter leurs quenouilles par leurs demoiselles de compagnie.

Les femmes publiques, que les Incas toléroient, pour obvier à de plus grands maux, demeuroient à la campagne, chacune séparément, dans de chétives cabanes, et ne pouvoient entrer dans les villes, de peur que leur commerce ne corrompît les femmes honnêtes. On les appeloit vulgairement *Pampauruna*, nom qui désignoit et leur demeure et leur façon de vivre, étant composé de *pampa*, qui signifie *plaine*, et de *runa*, qui veut dire *plusieurs ensemble*; ce qui équivaut à l'épithète de femme publique. Les Péruviens les traitoient avec beaucoup de mépris, et il étoit défendu aux femmes de leur parler, sous peine de porter le même nom, pour marque d'infamie, et, outre cela, d'être rasées en public et répudiées par leurs maris.

La conquête du Pérou par les Espagnols et la chute de l'Empire des Incas, entraînèrent la désorganisation totale des institutions concernant les femmes du Pérou. Les conquérans s'emparèrent des Péruviennes par droit de conquête, en firent leur propriété, et s'en servirent pour assouvir leurs passions brutales. Les chefs ne respectèrent pas même les vierges du soleil, les *Coya* ou femmes des Incas, auxquelles ils donnèrent la préférence; mais il est certain, d'un autre côté, que les Péruviennes montrèrent elles-mêmes beaucoup de prédilection et de penchant pour les Espagnols, et qu'elles contribuèrent, par leur attachement aux vainqueurs, à la ruine et à l'asservissement de l'Empire.

NOURRITURE DES PÉRUVIENS.

Jusqu'a l'époque de la conquête du Pérou par les Espagnols, les naturels du pays n'avoient guère vécu que de maïs, de fruits et de légumes, où il n'entroit pas d'autre assaisonnement que du piment et du sel. Quoiqu'ils connussent l'usage du feu pour cuire le maïs et les autres végétaux, ils mangeoient, en général, la viande et le poisson tout crus; ce qui surprit singulièrement les Espagnols, tant cette coutume leur parut contraire à celle des peuples policés. Toutes les cultures établies dans l'Empire, avoient uniquement pour but les premiers besoins. Les liqueurs fermentées des Péruviens étoient plus variées que les alimens dont ils faisoient leur nourriture; la chica étoit la plus commune; mais ce qui faisoit les délices des Péruviens, c'étoit la feuille d'un arbrisseau, nommé *coca*. Ils la mâchoient, après l'avoir mêlée avec une terre d'un gris blanc et d'une nature savonneuse, qu'ils nommoient *tocera*; c'étoit, dans leur opinion, un des plus salutaires restaurans qu'ils pussent prendre.

Les conquérans espagnols ne s'accommodèrent ni de la nourriture ni des boissons du peuple vaincu. Ils naturalisèrent avec succès, dans le Pérou, tous les grains, tous les fruits, tous les quadrupèdes de l'ancien hémisphère.

LES ANDES, ou MONTAGNES DU PÉROU.

La grande chaîne des Andes parcourt tout le continent de l'Amérique méridionale du sud au nord ; elle s'élève près le détroit de Magellan et suit à travers le Chili et le Pérou, les côtes de l'Océan pacifique : rarement elle s'éloigne de plus de dix à douze lieues des bords de la mer ; elle a sa plus grande largeur près de Potosi et du lac de Titi-Caca. Près de Quito, sous l'équateur, se trouvent les plus hauts sommets de cette chaîne, qui sont en même temps les montagnes les plus élevées qu'on ait encore mesurées sur le globe terrestre. A Popayan, la grande chaîne se termine et se divise en plusieurs branches ; deux en sont les plus remarquables ; l'une court vers l'isthme, dont elle forme le dos ; l'autre perce entre les bassins de l'Orénoque et de la rivière Madelaine ; elle s'approche de la mer des Caraïbes, à l'est du lac de Maracaïbo, suit les côtes de la mer et paroît même, par un chaînon sous-marin, se continuer jusques dans l'île de la Trinité.

L'Amérique méridionale offre deux *autres systèmes* de montagnes qui dépendent plus ou moins des Andes; savoir, les montagnes du Brésil, qui forment plutôt un groupe qu'une chaîne, et le groupe qui est le centre de la Guyane. Ainsi, les trois grandes plaines de l'Amérique méridionale, celle où s'écoule l'Orénoque, celle que l'Amazone arrose, et celle que la Plata traverse, se touchent immédiatement. Il seroit facile d'établir une communication par des canaux navigables, depuis l'embouchure de l'Orénoque jusqu'à Buénos-Ayres.

MINES DU POTOSI.

Ces mines d'argent, si célèbres, sont renfermées dans une montagne qui a offert, pendant deux siècles et demi, des trésors inépuisables. Cette montagne, de forme conique, a environ dix-sept milles de circonférence, et est percée de plus de trois cents puits, à travers un schiste argileux, jaune et dur; elle est d'une couleur rougeâtre particulière, n'est susceptible d'aucune végétation, étant brûlée par les nombreux fourneaux qui, dans la nuit, forment un spectacle curieux. Cette mine étonnante fut découverte en 1545, par Hualpa, Péruvien, qui, en poursuivant quelques chamois, déracina un arbrisseau, et aperçut, sous sa racine, cette veine d'argent si abondante, qu'on a, depuis, appelée *la rica*, ou la riche. Il fit part de cette découverte à son ami Huanca, qui la révéla à un Espagnol, son maître, et la mine fut enregistrée avec toutes les formalités requises, le 21 avril 1545. Après avoir donné, depuis cette époque, jusqu'en 1648, la somme énorme de 395,619,000 de piastres, elle est encore loin d'être épuisée. Le métal y abonde toujours; mais la partie la plus accessible a été enlevée, et l'on ne veut point se donner la peine de pénétrer très-avant dans les entrailles de la terre, attendu qu'il y a dans le Pérou et même dans le voisinage, beaucoup d'autres mines plus faciles à exploiter.

La ville de Potosi contient cent mille ames, y compris les esclaves; elle est le siége de l'administration des mines et des tribunaux y relatifs. C'est le centre d'un très-grand commerce, qui se fait par la rivière Pilcomayo. L'air y est froid, et les environs stériles,

QUITO.

La ville de Quito est célèbre dans l'Histoire des Révolutions du Pérou ; elle l'est même dans les fastes de l'astronomie et de la géographie moderne, par les travaux de quelques savans d'Europe. Cette ville est grande et belle ; assez bien fortifiée ; mais le ciel y est triste et nébuleux : les montagnes voisines offrent peu de verdure, et le froid y est très-vif. Les habitans sont industrieux ; ils fabriquent surtout des draps et des cotons qu'ils peignent tous en bleu : ils fournissent tout le Pérou. Le commerce de la ville est aussi très-actif. On estime le nombre des habitans à 50 mille individus, en grande partie *métis* ou nés du sang espagnol et indien. Quito est le siège d'une présidence, d'un tribunal suprême, d'un évêque, etc. ; les rues sont d'un niveau trop inégal pour qu'on puisse s'y servir de voitures ; les maisons sont couvertes en briques non cuites, ou en terre, et ont rarement plus de deux étages. Le grand tremblement de terre du 4 février 1797, qui bouleversa toute la province et tua, en un seul moment, 40 mille personnes, a été aussi très-funeste aux habitans de Quito. Il a totalement changé la température de l'air. Depuis cette catastrophe, il y a des tremblemens de terre continuels. Il est même probable que toute la partie haute de la province, n'est qu'un volcan. Les habitans de Quito, malgré les horreurs et les dangers dont la nature les environne, sont gais, vifs et aimables; leur ville ne respire que la volupté et le luxe : et nulle part, peut-être, il ne règne un goût plus décidé et plus général pour les plaisirs.

Nous terminerons cet article sur Quito, par le tableau historique du terrible tremblement de terre qui bouleversa tout ce royaume en 1797; les détails que nous allons offrir sont authentiques.

L'histoire ne fournit point d'exemple d'un bouleversement aussi complet. Les provinces de Tacunga, Ambato, Riobamba, Alaosi, partie de celle Chimbo et presque tout le territoire de Quito furent ébranlées vers la fin de février de cette même année. Il ne resta pas un seul édifice sur pied, tout fut nivelé à la terre.

La catastrophe s'annonça par une grande éruption du volcan de Macas qui s'entr'ouvrit par le milieu ; à l'instant les montagnes furent secouées d'une telle force qu'elles se renversèrent, les unes en lançant des pierres et des tourbillons de poussière ; les autres des torrens de laves, quelques-unes des fleuves d'eau. La montagne d'Ygualata vomit en tombant, une rivière immense de lave, surchargée de lames de feu ; dans son cours elle fit disparaître Capalpi, St.-André, Guono, Ambyès, Guanando et plusieurs autres lieux. La montagne de Lamaya se fondit, pour ainsi dire, en eau, et engloutit Pelile et la fameuse terre de St.-Ildephonse, sur laquelle périrent plus de mille personnes. Celle de Quero tomba sur le village de ce nom, sans laisser un seul témoin de ce désastre. Celle de Yatagui se renversa sur Mardro, entr'ouvrant un abîme si considérable que tout fut englouti, maisons, temples, habitans, excepté deux personnes. Ce lieu se transforma en lac de boue bitumineuse qui exhala un odeur de soufre, et se couvrit de lames de feu. Le nombre des morts fut considérable.

Dans la province de Tacunga, beaucoup de personnes moururent de faim, et même de soif, à cause de la corruption des eaux. Les habitans de Cuença, éprouvèrent, en partie, le même malheur ; les lacs jetèrent des feux, il se forma de nouvelles rivières, une entr'autres au pied du Mitanga.

La moitié de la montagne de Culsa s'écroula et couvrit de ses ruines la ville de Riobamba et ses habitans. Il ne resta pas pierre sur pierre, tout étoit horreur, effroi et confusion ; les rues devenoient des rivières, les places des abîmes : tout étoit couvert de terre et de soufre.

Telle maison qui se trouvoit sur la cime d'une montagne, se trouva dans le fond d'une vallée ; celle qui étoit dans une vallée, se trouva au haut d'une montagne. On en vit plusieurs qui avoient été transportées d'un lieu dans un autre sans la perte d'un seul meuble ; mais quelques-unes n'existèrent plus le lendemain.

Les habitans de cette malheureuse ville se réunirent, effrayés, dans la plaine de Casadamba ; quel spectacle ! les uns avoient perdu un bras, les autres une jambe ; celui-ci pleuroit ses enfans, ceux-là pleuroient leurs épouses et leur père ; personne n'osoit approcher des villes, à cause de la putréfaction des cadavres.

Ce n'étoit pas assez de ces calamités ; des voleurs s'étoient rassemblés et enlevoient jusqu'aux secours qu'on envoyoit aux malheureux ; ils pilloient de toutes parts sans nulle pitié pour les infortunés qui faisoient entendre leurs cris de dessous les ruines.

Pour comble de maux, les Indiens se soulevèrent ; ils publièrent fièrement qu'ils étoient libres des tributs que leur imposoient les corrégidors et les curés, ils se joignirent aux voleurs pour piller ; les troupes envoyées contre les voleurs et les Indiens, ne suffisoient pas pour les contenir.

Ces terribles secousses durèrent plusieurs jours, se firent sentir, plus ou moins, depuis Santa-Fé jusqu'à Panama, et portèrent la désolation dans presque toute l'Amérique espagnole méridionale : plusieurs villes furent abîmées, et il périt près de 40 mille personnes, perte irréparable pour un pays aussi peu peuplé.

CUSCO.

Le territoire de Cusco, centre de l'ancien Empire péruvien, abonde en ruines d'anciens temples, de palais, d'acqueducs, de voûtes souterraines, de canaux et de grandes routes. Ces nombreux monumens attestent à quel degré la civilisation des Péruviens avoit été portée sous le gouvernement des Incas. La ville de Cusco est la plus ancienne du Pérou ; fondée par le premier Inca, Manco Capac, elle devint la capitale de tout l'Empire péruvien, et la résidence des empereurs. La rivière Quatanay la divise en haute et basse ; elle est presque aussi étendue que Lima, et conserve encore beaucoup de monumens de son ancienne grandeur, entre lesquels on remarque la forteresse qui, bien que ruinée par la longueur des temps, fait l'admiration de ceux qui la voient, et démontre encore la puissance des Incas. On trouve à Cusco des bains fournis par deux fontaines, l'une d'eau chaude, et l'autre d'eau froide. Cette ville célèbre compte encore plus de quarante mille habitans. Son principal commerce est en sucre, étoffes, draps communs, toiles ordinaires, galons d'or et d'argent, cuirs, maroquins et parchemins. Ses habitans sont très-ingénieux, et se distinguent particulièrement dans l'art de broder, peindre et sculpter. Les Indiens surtout ont beaucoup de goût pour la peinture. Cette ville est éloignée de cent quatre-vingt-quatre lieues de Lima et de deux cent quatre-vingt-dix lieues de la Plata.

LIMA.

Cette capitale est regardée avec raison, non seulement comme la métropole du Pérou, mais comme une des plus belles villes du monde. C'est la reine de l'Amérique méridionale, disent les Espagnols, quoiqu'elle ne soit ni aussi commerçante que Mexico et Buénos-Ayres, ni aussi industrieuse que Quito. On s'accorde à faire l'éloge du génie, des sentimens libéraux, de la gaîté naturelle de ses habitans. Lima est à près de deux lieues de la mer Pacifique, et à une égale distance de son port, appelé *Callao*; bâtie dans une plaine appelée la vallée de *Rimac*, d'où par corruption lui est venu le nom de Lima, elle est arrosée par la rivière de ce nom, qui a un beau pont de pierre de cinq arches. Elle a une belle place carrée, de 5 à 600 pieds de long; entourée de beaux édifices, au milieu est placée une belle fontaine de bronze de très-bon goût. La ville est de figure triangulaire, le côté qui regarde la rivière a plus de 2 milles de long; elle est entourée de murailles faites de briques avec

34 bastions réguliers ; les rues de Lima sont larges et presque toutes tirées au cordeau. Les maisons y sont basses, à cause des tremblemens de terre, mais d'une belle apparence et richement ornées ; elles ont presque toutes des jardins.

Cette capitale est la résidence du vice-roi et de la présidence de l'audience royale ; mais elle n'est plus aussi peuplée qu'avant le tremblement de terre de 1746 ; on y compte à peine cinquante mille habitans, dont près de mille moines et 700 religieux. En 1790 le nombre de maisons étoit de 3942 ; 150 appartenoient à des couvens religieux. Les églises sont magnifiques, tant en dehors qu'en dedans. Lima en renferme 65, dont l'intérieur est orné d'argent, d'or et de pierreries : on y voit aussi un grand nombre d'oratoires, d'ermitages, de chapelles et autres maisons de dévotion. On sait que les églises sont à Lima le rendez-vous de l'oisiveté et des intrigues amoureuses. La religion y est le sujet de plusieurs divertissemens publics. Les processions y sont un mélange de pompe, de faste et de cérémonies.

A la réception d'un nouveau vice-roi, ou lors de l'avénement au trône d'un nouveau roi d'Espagne, tous les grands dignitaires et officiers, se rendent en cortége à la cathédrale ; on y célèbre une grand'-messe, après avoir entonné le *Te deum* : ensuite toute la noblesse des deux sexes se réunit à un grand repas ; on donne à cette occasion le combat du taureau et autres divertissemens pour le peuple. A ces sortes de fêtes, on voit des cortéges de plusieurs nations indiennes, chacun dans leurs différens costumes nationaux; souvent, à la vérité, ce ne sont que des masques dont on affuble des gens gagés pour donner plus de variété à la solennité et en relever l'éclat. Il règne aujourd'hui moins de férocité dans les combats du taureau. Mais, comme en Angleterre, on aime au Pérou jusqu'à la fureur les combats de coqs. Le concours est si grand, que les juges des paris ne peuvent y maintenir leur autorité, qu'à l'aide des soldats ; les spectateurs sont rangés dans un amphithéâtre où l'on fait entrer les combattans par des portes latérales.

Il y a aussi à Lima un assez bon théâtre; la salle est jolie et commode ; il y a de belles décorations, et plusieurs acteurs seroient applaudis même à Madrid. Ce n'est que depuis 1771 qu'on a ouvert des cafés à Lima ; on y trouve aussi un jeu de paume où il se fait des paris considérables.

La plus belle promenade est l'Alameyda, le

long de la rivière de Rimac. La noblesse y étale, dans cinq grandes allées d'orangers, la magnificence de ses équipages. On en compte plus de cinq mille à Lima, dont plusieurs richement dorés. Chaque bourgeois, pour peu que ses facultés le lui permettent, tient également voiture ou cabriolet. Le luxe n'est pas moins excessif dans les vêtemens, et surtout dans ceux du beau sexe. En fait d'habillement le plus remarquable des femmes de qualité, est le faldallin; c'est une robe courte qui descend par dessus un assez large vertugadin un peu au dessous du mollet. Le faldallin est ordinairement de l'étoffe la plus précieuse, tantôt richement brodée, tantôt du velours le plus cher, il coûte souvent cinq cents écus et au-delà et cependant il n'en faut pas moins à une dame de Lima un nouveau pour chaque fête; outre cela, le luxe en pierreries est prodigieux, surtout en perles qui produisent un contraste flatteur avec le rouge vif de leur teint et le noir brillant et foncé de leurs cheveux; en aucun pays, les dames ne mettent tant de prix à avoir un beau bras et plus encore un beau pied. En général les femmes de Lima sont belles, elles ont des yeux pleins de feu et d'expression. La danse est un de leurs principaux amusemens, par la raison qu'elle fournit, en même temps la plus belle occasion d'entamer des intrigues amoureuses. Le climat, la bonne chère et l'oisiveté, tout concourt dans ce beau pays, pour disposer à l'amour et à la volupté.

L'intérieur des maisons, ni le luxe de la table, ne répond point, d'ailleurs, au faste qu'on étale dans l'habillement; la table est frugale et l'ameublement n'offre ni goût ni magnificence. La conversation est agréable et vive. Les femmes, surtout, font preuve d'esprit; elles le relèvent davantage par des connoissances en musique et souvent par une belle voix.

Lima, possède plusieurs établissemens, entr'autres une trésorerie pour recevoir le cinquième du produit des mines et d'autres taxes payées par les Indiens, sujets du roi d'Espagne; cette ville a aussi une université et plusieurs academies. C'est dans la promenade charmante et solitaire, dite la *Piedra-Lisa*, que fut conçue par des hommes de lettres de Lima, la première idée d'une société académique.

Il existe aussi plusieurs journaux dans la capitale du Pérou, entr'autres le Mercure péruvien, d'où nous venons de tirer tous ces détails. Cette ville offre, comme Mexico, les agrémens et les avantages de la civilisation européenne.

Le climat y est sain et agréable; il n'y pleut jamais; il n'y tombe qu'une petite rosée, appelée *garna.* Le territoire de Lima abonde en toutes sortes de fruits, et ne laisse rien à desirer pour l'agrément et la commodité de la vie.

Mais toute la beauté de sa situation, toute la fertilité de son sol, toutes les richesses de ses habitans, ne peuvent faire oublier les désastres qui l'ont menacée et qui la menacent encore. En 1747, un terrible tremblement de terre détruisit les trois quarts de la ville et démolit entièrement le port de *Callao*. Jamais il n'y eut de destruction plus complette : de trois mille individus qui habitoient ce port, il n'en resta qu'un seul pour porter la nouvelle de cet événement désastreux, et encore il n'échappa que par un hasard extraordinaire. Cet homme étoit dans un fort, en vue de tout le port de Callao; il aperçut, en moins d'une minute, tous les habitans sortir de leurs maisons, dans la plus grande confusion et la plus grande terreur. La mer, qui s'étoit retirée à une distance considérable, revint en montagnes écumantes par la violence de l'agitation, et ensevelit ces malheureux habitans dans son sein. Immédiatement après, tout fut calme et tranquille; mais les mêmes vagues qui avoient détruit la ville, poussèrent un petit bateau dans l'endroit même du fort où étoit l'homme spectateur de ce désastre : il s'y jeta et se sauva.

TABLE DES MATIÈRES

CONTENUES DANS CE VOLUME.

LIVRE VII.

Ligue contre don Diego. — Mort de Juan d'Herrada. — Opérations du gouverneur Vaca de Castro. — Bataille de Chupas; défaite et mort du jeune Almagro. — Troubles occasionnés par les réformes de Charles-Quint. — Arrivée de Blasco Nugnez Vela, premier vice-roi du Pérou. — Assemblée de Cusco, et révolte de Gonzale Pizarre. Page 5.

LIVRE VIII.

Marche de Gonzale Pizarre vers la capitale du Pérou. — Arrestation et expulsion du vice-roi Nugnez. — Entrée de Gonzale à Lima. — Délivrance du vice-roi : il est poursuivi par Gonzale au-delà de Quito. — Soulèvement de Diego Centeno en faveur du vice-roi. — Bataille de Quito ; mort du vice-roi. — Défaite de Centeno par Carvajal. — Triomphe de Gonzale. Page 36.

LIVRE IX.

Administration de Gonzale Pizarre. — Son entrée triomphante à Lima. — Arrivée au Pérou du licencié la Gasca, avec des pouvoirs illimités. — Caractère de cet envoyé de Charles-Quint. — Défection de la flotte de Gonzale. — Seconde insurrection de Diego Centeno. — Bataille de Huarina, où Centeno est défait par Gonzale. Page 74.

LIVRE X.

Opérations du président la Gasca, dictateur du Pérou. — Marche de Gonzale Pizarre pour combattre le président. — Journée de Xaguizagana, et défection de l'armée de Gonzale. — Mort de ce capitaine et de Carvajal, son mestre de camp. — Conduite vertueuse du président la Gasca. — Sa retraite honorable en Espagne. — Fin des troubles du Pérou. — Extinction de la race des Incas. Page 123.

LIVRE XI.

Situation actuelle du Pérou. — Conclusion. Page 172.

Lettre de Charles-Quint à Gonzale Pizarre. Page 201.

Lettre du président la Gasca, à Gonzale Pizarre. Page 204.

Réponse de Gonzale Pizarre au président la Gasca. Page 226.

Musique des Péruviens. Page 229.

Courriers du Pérou. Page 233.

Danse des Péruviens. Page 235.

Amautas, ou Poètes philosophes du Pérou. Page 237.

Femmes du Pérou. Page 241.

Nourriture des Péruviens. Page 250.

Les Andes, ou *Montagnes du Pérou.* Page 252.

Mines du Potosi. Page 254.

Quito. Page 256.

Cusco. Page 261.

Lima. Page 263.

www.ingramcontent.com/pod-product-compliance
Lightning Source LLC
Chambersburg PA
CBHW050321170426
43200CB00009BA/1412